آبشارِ نغمہ

(غزلیں)

پریم نارائن سکسینہ راز

Aabshaar-e-Naghma *(Ghazals)*

by: Prem Narayan Saxena Raaz

Edition: November '2025

Publisher :

Taemeer Publications LLC (Michigan, USA / Hyderabad, India)

ISBN 978-93-6908-097-7

کتاب	:	**آبشارِ نغمہ** (غزلیں)
مصنف	:	**پریم نارائن سکسینہ راز**
صنف	:	شاعری
ناشر	:	تعمیر پبلی کیشنز (حیدرآباد، انڈیا)
سالِ اشاعت	:	۲۰۲۵ء
صفحات	:	۱۹۴
سرورق ڈیزائن	:	تعمیر ویب ڈیزائن

ہدیۂ تشکر

میرا پہلا مجموعۂ کلام آبشارِ نغمہ اُستادِ محترم پنڈت رام کرشن مضطر کی حیات میں اگر منظرِ عام پر آتا تو یقیناً اسے دیکھ کر انہیں بے حد خوشی ہوتی۔ حیف یہ وقت کو منظور نہ تھا۔ لہٰذا میں آبشارِ نغمہ کو اُستادِ محترم جناب رام کرشن مضطر کے نام سے منسوب کر رہا ہوں۔

آبشارِ نغمہ کی اشاعت میں جن مہربان بزرگ شعرائے کرام نے اپنی بیش بہا نیک آرا سے نوازا اور میری حوصلہ افزائی کی اُن کے اسمائے گرامی ہیں جناب برہمانند جلیسؔ۔ جناب کرشن موہن۔ ڈاکٹر ایس۔ ایم عباس خاورؔ رُدولوی اور جناب اُلفتؔ ایمن آبادی۔ جلیسؔ صاحب نے میرا مسودۂ کلام کئی بار پڑھا اور ہمیشہ یہی مشورہ دیا کہ کلام منظرِ عام پر ضرور آنا چاہیئے۔ میں خاص طور پر ان کا اس لئے بھی ممنون ہوں کہ انہوں نے میری التجا قبول فرماتے ہوئے 'آبشارِ نغمہ' پر ایک مضمون لکھنے کی زحمت بخوشی گوارا فرمائی۔ جناب کرشن موہن صاحب نے بھی کلام کو قابلِ اشاعت قرار دیا۔ اور جناب اُلفتؔ ایمن آبادی ایڈیٹر تیج ویکلی دہلی نے خرابیٔ صحت اور انتہائی مصروفیت کے باوجود اپنی بے لوث محبت، شفقت اور بیش بہا تعاون سے نواز کر آبشارِ نغمہ کو قارئین تک پہنچانے میں کامیاب بنایا۔ جن دوستوں نے کسی نہ کسی شکل میں اس سلسلے میں میری مدد کی اُن کے نام ہیں جناب گوپی چند ودھوا، اسسٹنٹ ڈائریکٹر جناب اے۔ کے سنہا اے ڈی ایم جناب جی ایس نارائنا۔ چیف انجینئر سی ڈبلو سی۔ جناب بلجیت سنگھ مطیر ہوشیار پوری اُردو ترقی بورڈ دہلی۔ جناب پی کے راز دان سی ڈبلو سی،

جناب کالی چرن این سی لے ہیں ان سب حضرات اور تمام اراکین و ممبرانِ حلقۂ تشنگانِ ادب کا بھی شکر گزار ہوں جنہوں نے میرے ذوقِ شعر گوئی کو تقویت عطا فرمائی اور مقامی شعرا حضرات سے مجھے روشناس کرایا۔

میں جناب ساغر نظامی (مرحوم)۔ جناب شوکت علی رفعت سرِ دِش جناب محمد شفیع اور جناب سکھ دیو شرما رشک کا شکر گزار ہوں جنہوں نے مجھے آل انڈیا ریڈیو سے اپنا کلام پڑھنے کے مواقع فراہم کیئے۔

'آبشارِ نغمہ' میں اگر خامیاں رہ گئی ہوں تو اُس کے لئے میں پوری طرح ذمہ دار ہوں اور اُمید کرتا ہوں ناظرین میری خامیوں کو نظر انداز کرتے ہوئے آبشارِ نغمہ کو پسند فرمائیں گے۔

پریم نارائن سکسینہ راز
۲۴ رمئی ۱۹۸۷ء۔

پیش لفظ

● پریم نارائن سکسینہ رازؔ، مشہور صحافی اور فارسی و اُردو کے ممتاز شاعر پنڈت رام کرشن مُضطر کے عزیز شاگردوں میں ہیں۔ مضطرؔ صاحب اُردو شاعری اور خاص طور پر غزل کی کلاسیکی روایت کے شاعر تھے۔ فنِ شاعری اور زبان پر اچھی دسترس رکھتے تھے۔ انہوں نے اِسی کلاسیکی روایت میں رازؔ کی تربیت کی۔ اُردو شاعری کی ایک روایت یہ بھی رہی ہے کہ استاد اپنے شاگردوں سے ہر زمین میں بے شمار شعر کہلایا کرتے تھے تاکہ انہیں شعر گوئی کی مشق اور مختلف مضامین نظم کرنے پر قدرت حاصل ہو جائے۔ مضطرؔ صاحب نے شعر گوئی کی وہ مہارت پریم نارائن سکسینہ رازؔ میں بھی پیدا کی۔ اور انہیں ہر طرح شعر گوئی میں چُست کر دیا کہ آج وہ کسی بھی موضوع پر بے شمار اشعار نظم کر سکتے ہیں۔ یہ مہارت بڑی مشکل سے پیدا ہوتی ہے اور بہت کم لوگوں میں ہوتی ہے۔ رازؔ ان لوگوں میں ہیں جنہیں یہ مہارت حاصل ہے۔

رازؔ کو طالب علمی کے زمانے سے شاعری کا شوق ہے۔ جب وہ دیال سنگھ کالج میں بی۔ اے کے طالب علم تھے اُس وقت بھی بڑے ذوق و شوق اور لگن کے ساتھ شعر کہا کرتے تھے۔ ان کی غزلیں جو اُس وقت کالج میگزین میں شائع ہوئیں اس سے ان کے ذوقِ شعر گوئی کا اندازہ کیا جا سکتا ہے۔ رازؔ کا تعلق اُردو زبان اور شاعری سے اتنا قریب کا ہے کہ اگر وہ شاعری نہ کرتے تو

تعجب کی بات ہوتی۔ اُردو شاعری سے ان کے دو رشتے ہیں۔ ایک تو لکھنؤ سے اُن کا تعلق دل کا ہے یعنی اُن کی اہلیہ لکھنؤ کی ہیں اور دوسرے وہ یوپی کے ایک معزز کائستھ گھرانے سے تعلق رکھتے ہیں۔ یوپی کے کائستھ اپنی تہذیبی نفاست اور سلیس و شُستہ زبان کے لئے ہمیشہ مشہور رہے ہیں۔ اسی لئے اُردو زبان اور شاعری ان کے گھر کی چیزیں تھیں۔

راز نے بہت زیادہ غزلیں لکھی ہیں اور اکثر ان کی غزلیں اخبارات و رسائل میں شائع اور ریڈیو سے نشر ہوتی رہی ہیں۔ لیکن شاعری کو انہوں نے پیشہ نہیں بنایا اور نہ مشاعرے کا شاعر بننے کی کوشش کی۔ وہ کالج کے مشاعرے میں شریک ہوتے رہے اور تعلیم سے فارغ ہونے کے بعد بھی کالج کے کل ہند مشاعروں میں شریک ہوئے لیکن اُن کی سادگی اور سنجیدگی نے اُنہیں مشاعرے کی عارضی شہرت سے ہمیشہ دور رکھا۔

مجھے بے حد خوشی ہے کہ اُنہوں نے اپنا پہلا مجموعۂ کلام "آبشارِ نغمہ" کے نام سے مرتب کیا ہے۔ ان کی شاعری وقتی جذبے کی شاعری نہیں بلکہ پختہ ذہن کی شاعری ہے۔ وہ مشکل سے مشکل مضمون کو بڑی آسانی اور روانی کے ساتھ نظم کر دینے پر قدرت رکھتے ہیں۔ ان کی اس مشق و مہارت کا ہی نتیجہ ہے کہ وہ اپنی شاعری میں اپنی عمر سے زیادہ بڑے نظر آتے ہیں۔ مَیں ان کے مجموعے کی مقبولیت اور ان کی کامیابی کے لئے دُعاگو ہوں۔

ڈاکٹر شارب رُدولوی
انچارج شعبۂ اُردو۔
دیال سنگھ کالج۔ دہلی یونیورسٹی نئی دہلی ۱۱۰۰۰۳
۵ رمئی ۱۹۸۷ء۔

جناب پریم نارائن سکسینہ رازؔ اور اُن کا شعورِ فکر و فن

جناب پریم نارائن کا جنم ۲۰ جون ۱۹۳۶ء بمقام دہلی ایک معزز سکسینہ کائستھ گھرانے میں ہوا۔ ان کے والد کا نام راج بہادر اور والدہ کا نام پریم پیاری تھا۔ ان کے والد کو موسیقی میں کافی دستگاہ حاصل تھی۔ ان کی بیاضوں میں راگوں کی سرگموں کے ساتھ ساتھ اساتذہ کی غزلیں بھی درج تھیں۔ جن کے زیر اثر بچپن ہی سے پریم نارائن میں لاشعوری طور پر شاعری کا شوق پیدا ہو گیا تھا۔ ۱۹۵۲ء میں جب وہ راجکیہ اسکول نمبر ۴ میں پڑھتے تھے اُن کے شوق کو دیکھتے ہوئے اُردو کے معلم جناب میلارام نے انہیں خمخانۂ جاوید کی ایک جلد عطا کی اور مطالعہ کا مشورہ دیا۔ زمانۂ طالبِ علمی سے ہی وہ مقامی اخبارات اور نصاب کی نظمیں پڑھکر شعر کہنے لگے تھے۔ اسی دور میں اُن کی ملاقات ملاپ کے حصّۂ نظم کے مدیر پنڈت رام کرشن مضطر اور پرتاپ کے شاعرِ خاص جناب الفت ایمن آبادی سے ہوئی۔ اِن دونوں حضرات نے پریم نارائن (جو اَب پریم نارائن رازؔ بن چکے تھے) کی بہت حوصلہ افزائی کی اور اپنے اخبار میں اِن کا کلام شائع کیا۔ رازؔ صاحب نے مستقل طور سے مشورۂ سخن اور اصلاح کا فیض مضطرؔ صاحب سے حاصل کیا اور اُنہی کے شاگرد ہو گئے

۱۹۵۶ء میں رازؔ صاحب کے والد کا انتقال ہو گیا جس کے سبب امورِ خانہ داری کی تمام تر ذمّہ داریاں اِن پر آ پڑیں۔ آپ نے راجیہ سبھا

میں ملازمت اختیار کرلی۔ اُن کے نانا جناب بانکے لال سکسینہ نے حالاتِ زندگی معمول پر لانے میں بے حد مدد دی۔ مشکلات کے باوجود راز کا ذوقِ شعر گوئی اور اساتذہ کے کلام کا مطالعہ جاری رہا۔

۱۹۵۸ء میں آپ کی ملاقات آل انڈیا ریڈیو دہلی کے نئی کرن پروگرام کے انچارج جناب ساغر نظامی سے ہوئی۔ انہوں نے راز صاحب کی حوصلہ افزائی فرماتے ہوئے اِس مصرع طرح پر غزل کہنے کی دعوت دی

مصرع: "تھمتے تھمتے اشک تھمیں گے ناصح کو سمجھانے دو"

راز کی غزل ۱۷ دسمبر ۱۹۵۸ء نئی کرن پروگرام میں اُوشا سیٹھ کی آواز میں نشر ہوئی۔ غزل کا مطلع تھا

غم میں تسلی دینے والو، غم کی آگ بجھانے دو
اپنے دل کی بربادی پر، مجھکو اشک بہانے دو

۱۹۵۹ء میں آپ نے دیال سنگھ ایوننگ کالج میں بی اے میں داخلہ لے لیا، یہاں ان کی ملاقات جناب حکم چند نیر نشتر، جناب واقف مرادآبادی، ڈاکٹر منہور سہائے انور اور ۶۱-۱۹۶۰ء میں جناب شارب رودولوی سے ہوئی۔ ان اساتذہ کی محبت اور قربت سے راز صاحب کی شعر گوئی کو بہت فیض پہنچا۔ شارب صاحب کی مسلسل کرم فرمائیوں سے راز کی شاعری موجیں لینے لگی۔ شارب صاحب نے انہیں کالج میگزین کے اردو سیکشن کا طالب علم ایڈیٹر مقرر کیا اور کالج میں منعقدہ مشاعروں میں حصہ لینے کے مواقع فراہم کئے۔ کالج کے ایک مشاعرے کی صدارت جناب حافظ محمد ابراہیم مرکزی وزیر آبپاشی نے فرمائی تھی۔ اس مشاعرے میں پڑھی گئی غزل کے دو اشعار ملاحظہ ہوں۔

یہ جہانِ نغمہ و رنگ بھی نہ سکونِ دل مجھے دے سکا
مرے ذوقِ دید کو چاہیے نئی صبح و شام نئی فضا
ابھی دُور دُور رہیں جسم و جاں، ابھی حسن عشق سے ہے جُدا
ابھی مجھ میں تجھ میں ہے فاصلہ، ابھی اور میرے قریب آ

کالج ہی کے ایک اور مشاعرے میں، راز صاحب کے استاد جناب فراق گورکھپوری، جناب رفعت سروش، جناب سلام مچھلی شہری اور بہت سے شعرا کے سامنے پڑھی گئی۔ راز صاحب کی غزل کے دو شعر ملاحظہ ہوں۔

یا شمعِ زیست ہی بجھ جائے یا رات الم کی ڈھل جائے
ہر بار کے جلنے بجھنے سے ہم اہلِ تمنا باز آئے

تفصیل سے دیکھا ہے ہم نے محرومیِ قسمت کا عالم
دل ہم نے کیا جتنا روشن بڑھتے ہی گئے اتنے سائے

۱۹۶۲ء میں بی اے کا امتحان پاس کرنے کے چار سال بعد آپ نے ایم۔ اے (انگلش) کا امتحان انسٹی ٹیوٹ آف پوسٹ گریجویٹ ایوننگ سٹڈیز دہلی سے پاس کیا۔

۱۹۷۱ء میں آپ کی شادی آشا بسا ریہ سے ہوگئی۔ یہ نیک خاتون یو۔پی کے ایک معزز اور نہایت تعلیم یافتہ گھرانے سے ہیں۔ خود بھی ایم۔اے پولیٹیکل سائنس اور ٹیچرز ٹریننگ کے امتحانات پاس ہیں۔ انہوں نے ہر قدم پر راز صاحب کی حوصلہ افزائی کی ہے۔ آبشارِ نغمہ کو منظرِ عام پر لانے میں ان کا بہت زیادہ تعاون ہے۔ بہ سلسلۂ ملازمت ۱۹۷۳ء سے ۱۹۷۷ء تک تندز (افغانستان) میں رہنے کے بعد آپ وطن لوٹ آئے اور تیزی سے شعر کہنے لگے۔ راز صاحب کا کلام مقامی اخبارات میں پھر چھپنے لگا اور طرحی اشعار اردو مجلس کے پروگرام ہماری محفل

سے نشر ہونے لگے۔ اُردو مجلس کے پروڈیوسر جناب رفعت سروش نے راز صاحب کی شعری صلاحیت کو دیکھ کر ۳۱ اگست ۱۹۷۷ء کے طرحی مشاعرے میں غزل پڑھنے کے لئے مدعو کیا۔ اقبال کا مصرعِ تھا" عقل ہے محوِ تماشائے لب بام ابھی۔ اس مشاعرے میں جناب مشیر جھنجھانوی، جناب بہار برنی اور محترمہ مسعودہ حیات نے بھی شرکت کی تھی۔ راز صاحب کی طرحی غزل کے اشعار تھے۔

طعنہ زن ہیں کرم ساقی میخانہ پر
تشنہ لب بادہ گساروں کے تہی جام ابھی
ہم جو اُٹھے تو بدل دیں گے تری کہنہ روش
ہمکو بیدار نہ کر گردشِ ایام ابھی

اُس روز سے آجتک راز صاحب کا کلام پروگرام اُردو مجلس سے نشر ہو رہا ہے۔ ۱۹۷۸ء میں آپ کی وابستگی حلقۂ تشنگانِ اَدب سے ہوگئی اور آپ بڑے شوق سے حلقے کی نشستوں میں حصّہ لینے لگے اور رفتہ رفتہ تمام مقامی شعرا سے روشناس ہو گئے۔

۱۸ مارچ ۱۹۸۴ء کو اُردو اکادمی دہلی کی جانب سے فانی بدایونی اور جناب ساحر ہوشیار پوری کے طرحی مصرعوں پر ایک مشاعرے کا انعقاد ہوا۔ نہ جانے کیسے راز صاحب کو اس مشاعرے میں مدعو کیا گیا۔ فانی بدایونی کے مصرعِ طرح پر کہی گئی راز صاحب کی غزل کے دو شعر پیش ہیں۔

برگ ہیں داغ داغ کیا، گُل ہیں جگر فگار کیا
پیرہن بہار سے، اُلجھے ہوئے ہیں خار کیا
کھیل کے جاں پہ اس لئے عشق کا رکھ لیا بھرم
ساعتِ صبر آزما آنے لگی بار بار کیا

یہ تھی راز صاحب کے شعری سفر کی مختصر داستان جس کا تذکرہ اس لئے

لازم سمجھا گیا تاکہ قارئین پر واضح ہو جائے کہ یہ ذہین اور ذی شعور فنکار کن مراحل سے گزرتا ہوا اپنی منزل مقصود کی جانب سرگرم سفر ہے۔

"آبشارِ نغمہ"

جس طرح ایک گلزارِ پُر بہار کا دلکش منظر دل و دماغ کو شگفتگی اور رُوح کو بالیدگی بخشتا ہے۔ اُسی طرح ایک حسین و جمیل اَدبی و شعری تخلیق اہلِ ذوق کو فرحت عطا کرتی ہے۔ جناب پریم نارائن سکسینہ راز کی شعری تخلیق "آبشارِ نغمہ" کا شمار انہیں تخلیقات میں کیا جا سکتا ہے اُن کا کلام دولتِ فن سے اس قدر مالا مال ہے کہ اس کا گہرائی اور گیرائی سے مطالعہ کرنے کی ضرورت نہیں - ہر صفحے پر ان کی فکر کے گلہائے رنگا رنگ کی زینت سدا بہار کی طرح قائم ہے اور مشتاقانِ سخن کو ؏
"کرشمہ دامنِ دل می کشد کہ جا اینجاست" کے مصداق دعوتِ نظارہ دیتا ہے۔ اس تخلیق کا نام ہی اُن کے حُسنِ خیال اور حُسنِ فطرت کا غماز ہے اور مجموعۂ کلام کی دلکشی کا آئینہ دار ہے - آبشارِ نغمہ میں غنایت بھی ہے اور دلکشی بھی۔ روانی بھی ہے اور بیکرانی بھی۔

راز صاحب ایک اچھے اور سلجھے ہوئے شاعر ہیں۔ وہ جس مقام سے شعر کہتے ہیں اُسے بخوبی سمجھتے ہیں۔ زبان و بیان کی خوبیوں کا دامن ہاتھ سے نہیں چھوٹنے دیتے۔ ان کے کلام میں پختگی اور زبان میں شستگی ہے۔ طبیعت میں شگفتگی اور خیالات میں تازگی ہے۔ وہ کس منزل کے طلبگار ہیں۔ اس کا اندازہ اُن کے دعائیہ اشعار جو انہوں نے "آبشارِ نغمہ" کے آغاز میں "اے خدا" کے عنوان سے رقم کئے ہیں لگایا جا سکتا ہے۔

بھر دے لافانی تموج میری اک اک موج میں
میں نہیں قطرہ بھی، تو ہے بیکراں بحرِ صفات
ایسے گل کر دے شگفتہ میری کشتِ فکر میں
جن کی خوشبو سے مہکتا ہی رہے باغِ حیات

آئیے مجموعی طور پر راز صاحب کے کلام کا تجزیہ کریں۔ پہلی غزل کا مطلع ہی اس امر کی نشاندہی کرتا ہے کہ عرفانِ حقیقت کے مضمون پر راز صاحب کا کس قدر گہرا مطالعہ ہے۔

جب سے تیرا درد شامل ہے مری آواز میں
ایک نغموں کا جہاں ہے زندگی کے ساز میں

جس درد کی شمولیت سے زندگی کے ساز میں نغموں کا جہاں آباد ہے وہ "درد" "دردِ عشق" ہی ہے اور وہ بھی دردِ عشقِ حقیقی جس کے حصول کے لئے خواجہ فریدالدین عطار نے یہ دعا مانگی تھی۔

کفر کافر را و دیں دیندار را
ذرہ دردت دلِ عطار را

چھپ چھپ کے اب رہو گے کہاں تم میری نظر - اک اک حجاب ارض و سما سے گزر گئی

اس مضمون کو استاد داغ دہلوی نے یوں باندھا ہے اور خوب باندھا ہے

جلوے مری نگاہ میں دونوں جہاں کے ہیں
مجھ سے کہاں چھپیں گے وہ ایسے کہاں کے ہیں

راز صاحب نے دونوں جہاں کی جگہ "اک اک حجابِ ارض و سما" کہہ کر مضمون کو اور ترقی دی ہے۔ اس کے علاوہ جہاں داغ کے شعر میں تخاطب کے لئے صیغۂ غائب کا استعمال کیا گیا ہے وہاں راز صاحب نے اس تخاطب کے لئے صیغۂ حاضر استعمال کر کے شعر کو زیادہ پرلطف بنا دیا ہے عرفانِ حقیقت

کے موضوع پر دو شعر درج ذیل ہیں۔

آنکھ والوں کی زباں ہی دے گی اُن کو دادِ حُسن
بے زباں آئینہ اُن کو دیکھتا رہ جائے گا

مُجھ میں کہاں آواز ہے اپنی ٭ میں تو ساز کا پردا ٹھہرا

رازؔ صاحب کے کلام میں شاعری کے اہم عُنصر سوز و گداز کی بھی کمی نہیں ہے اس کا تعلق غمِ جاناں سے بھی ہے اور غمِ دوراں سے بھی۔ تمثیلاً چند اشعار پیش ہیں۔

دھڑکن ہر ایک نغمۂ سوز و گداز ہے
یہ دِل نہیں ہے تیری محبت کا ساز ہے

کسی کے نغمۂ جاں سوز کے تصور سے
اِک ارتعاش ہے سازِ نفس کے تاروں میں

بہائے تھے جو کسی نے میری محبت میں
مری غزل میں ہے اُن آنسوؤں کا سوز و گداز

عافیت سوز بنی جاتی ہے ایک ایک کرن
کب تک انوارِ سحر سے نہ ہو نالاں کوئی

اُجڑے ہوئے گھر سے نہ مٹا پھر بھی اندھیرا
گزرے کئی خورشیدِ جہاں تاب اِدھر سے

آخری شعر تو فانی بدایونی کے رنگ کا آئینہ دار ہے اور نفسِ مضمون کے اعتبار سے کم و بیش اُن کے درج ذیل شعر سے مشابہت رکھتا ہے۔

بہلا نہ جی، نہ تیرگیِ شامِ غم گئی ٭ یہ جانتا تو آگ لگاتا نہ گھر کو میں

ان امثال سے ہرگز یہ مُراد نہیں کہ اُن کے کلام میں یاسیت کا تاثر غالب ہے۔ یہ تو محض حیاتِ انسانی کی دُھوپ چھاؤں کا منظر ہے جو پیہم بدلتا رہتا ہے

فرماتے ہیں -

دِل کے داغوں کو نہ ہونے دو الم سے روشن ؛ پھوٹنے والی ہے خورشیدِ مسرت کی کرن

اُن کے کلام میں عہدِ شباب کی رنگینیاں بھی جلوہ گر ہیں جن سے ظاہر ہوتا ہے کہ دونوں طرف تھی آگ برابر لگی ہوئی - اُن کی محبت خیالی اور فرضی نہیں بلکہ حقیقی ہے - ملاحظہ فرمائیے :-

نَفَس نَفَس مجھے اُن کا اُنہیں مرا غم ہے ؛ دِلوں پہ ایک محبت کی چوٹ کیا کم ہے

کیا سحر دِل پہ تیری تمنا نے کر دیا ؟ ؛ اتنی حسین تو نہ تھی پہلے یہ کائنات

اَب آپ میرے پاس سے اُٹھ کر نہ جائیے ؛ نیند آچلی ہے سایۂ زُلفِ سیاہ میں

اِس طرح ہم سے ترکِ محبت نہ کیجیے ؛ تڑپائیں گے تمہیں بھی یہ ٹوٹے تعلقات

وہی ایک چہرۂ صَوفگن کہیں جس کو رونقِ انجمن
جو تمام برق و شرر ہے وہی میرے دل کا قرار ہے

رآز صاحب کے یہاں عزم و عمل اور استقلال کی تابناکی بھی جلوہ گر ہے جو ہمیں افسردگی اور تیرگی سے جہدِ پیہم کا درس دیتی ہے -

ہم ہیں اُن حوصلوں کا جوشِ نمو ؛ جو خزاں میں بھی گُل کھِلاتے ہیں

وقت کے رُخ پہ نیا چہرہ لگا دو اُٹھ کر ؛ روزِ بے چہرگیِ وقت کا رونا کیا ہے

اپنی شعاعِ نور سے پسپا کر دوں گا ؛ آ میری جانب اَے ظلمتِ صَرصَر آ

گزر روکیں گے مجھ چشمہ صفت کا ؛ یہ جرأت راستوں کے کنکروں کی

کوئی شاعر یا ادیب جسے خالق نے حساس دل عطا کیا ہے اپنے عصری ماحول سے متاثر ہوئے بغیر نہیں رہ سکتا - لہٰذا رآز صاحب کے کلام کا زندگی سے گہرا تعلق ہے - وہ گرد میں چھپی ہوئی منزلوں کو اُبھر کر سامنے آتا ہوا دیکھ کر اُنہیں نظم و ضبط دینے کی تلقین کرتے ہیں - اُن کی چشمِ شاعر صفات میخانۂ حیات میں بادہ و جام سے حسرت ٹپکتی ہوئی دیکھ کر ساقیِ وقت سے رنگِ میخانہ

بدلنے کی متقاضی ہے۔ وہ چاہتے ہیں کہ چمن کی ہر کلی کے لب تک جامِ بہار آئے اور مسکراتی ناچتی گاتی بہار ہم سب کا دامن بھر سکے۔ وہ اُس چشمے کو بھی دیکھ لیتے ہیں جس نے کبھی تمدّن کی جڑوں کو سرسبز و شاداب کیا تھا اور اب وہ تہِ خاکِ زمیں سُوکھ رہا ہے۔ ان کا تعلق کسی ایک مذہب یا ایک فرقے سے نہیں ہے۔ وہ تمام بنی نوعِ انسان کے دردمند ہیں۔ وہ ایسے شخص کو دیدہ وَر نہیں کہتے جو صرف اپنی ہی قوم کے غم کو غم سمجھتا ہو۔ مندرجہ ذیل اشعار سے یہ نظریہ صاف طور پر واضح ہو جاتا ہے۔

بڑھا اِک حزب کا پرچم اُٹھا کر جب قدم میرا ٭ رہا کل دہر کی زباد کا مظہر علم میرا
ہم ایسے دیدہ وَر کو آج دیدہ وَر نہیں کہتے ٭ جو کہتا ہو کہ بس اِک قوم ہی غم ہے غم میرا

راز صاحب کا وہ غم جس کا آغاز غمِ جاناں سے ہوا تھا زمانہ گزرنے پر عالم گیر بن جاتا ہے۔

دلِ غمگیں پہ گزرے وقت کا احسان کیا کم ہے
کسی کا غم تھا پہلے اب ہے عالم گیر غم میرا

مختلف جذبوں کے تحت انہوں نے بہت سی نظم نما غزلیں کہی ہیں جن میں عصری ماحول کی بھرپور عکاسی کی گئی ہے۔ وہ نیو کلیائی خطرات کی پیش گوئی یُوں کرتے ہیں۔

اِک آن میں ہم کو خاک کر دے گا جنگ کا تند و تار شعلہ
نہ کوئی پرسانِ غم رہے گا نہ کوئی ماتم گُسار ہوگا
ہزار صدیوں میں دستِ انساں کی کاوشیں پھر نہ سی سکیں گی
ہماری تہذیبِ نَو کا دامن کچھ اس طرح تار تار ہوگا

اگرچہ راز صاحب بنیادی طور پر کلاسیکی روایتی انداز کی شاعری کے علمبردار ہیں وہ اس حقیقت کے معترف بھی ہیں کہ روایت کو پوری طرح

جذب کر کے نئی قدروں کو فروغ دیا جا سکتا ہے ۔ وہ شاعری کے اُن اصولوں پر کاربند رہنا چاہتے ہیں جن کے تحت فنِ شاعری پروان چڑھتا ہے وہ روایت کی پاسداری کرتے ہوئے تلقین کرتے ہیں۔

اپنے احساسِ نمو سے اِسے تازہ رکھنا
سُوکھ جائے نہ مرے بعد روایت کا شجر

وہ محدود فضا میں مقید رہنا نہیں چاہتے ۔ وہ زندگی کے اُس ماحول کو ڈھونڈنے کے کوشاں ہیں جہاں گھٹن کا نام نہ ہو انبساط ہو جس میں یہ راز صاحب کی امتیازی خصوصیت ہے لافانیت کا اظہار جا بجا مختلف اشکال میں دکھائی دیتا ہے ۔ ملاحظہ ہوں درج ذیل اشعار :

آغاز و انجام سے مطلب ✤ مَیں لافانی لمحہ ٹھہرا
مجھے جو زندہ رکھے اپنی موجوں میں ✤ شوق کا وہ لافانی دریا بنکر آ
میری آبی فکر میں ذہن نہاتے تھے ✤ مَیں لافانی وقت کا بہتا دریا تھا
موجِ رواں ہے میری ہستی ✤ عشق کے بحرِ لافانی میں
پھیل رہا ہوں توڑ کے ساحل امکاں کے ✤ مدہوشی کا ٹھاٹھیں مارتا ساگر میں

راز صاحب کا شعری سفر ابھی جاری ہے اور اُن کا فکر و فن ٹھاٹھیں مارتے ساگر کی مانند اطراف و جوانب میں پھیل رہا ہے جس کی آبشارِ نغمہ میں جا بجا جھلک ملتی ہے ۔ راز صاحب کی یہ نادر تخلیق اس بات کا روشن ثبوت ہے کہ خداوند کریم نے اُن کی یہ دُعا جو انہوں نے "آبشارِ نغمہ" کے آغاز میں مانگی تھی ۔

ایسے گل کر دے شگفتہ میری کشتِ فکر میں
جن کی خوشبو سے مہکتا ہی رہے باغِ حیات

پوری کر دی ہے اور اُن کا کلام بہ زبانِ حال پکار پکار کہہ رہا ہے ۔

۱۷

بن رہا ہے پھول اِک اِک غنچۂ حسنِ خیال
آج وہ بالیدگی ہے فکر کے انداز میں

راز صاحب کے اندازِ فکر کی یہ بالیدگی اُن کی روز افزوں ترقی کی پیش گوئی تصوّر کی جانی چاہیئے۔ اور ہمیں یقین ہے اُن کی تخلیق آبشارِ نغمہ دُنیائے شعر و اَدب میں اپنی بوقلمونی۔ زیب و زینت کے سبب مناسب مقام حاصل کرے گی۔ اور راز صاحب کے اس دعوے کی تصدیق بھی۔

زمانہ کر نہ سکے گا مجھے نظر انداز
میں اپنے دور کی ہوں ایک معتبر آواز

برھمانند جلیس
۱۰ رمئی ۱۹۸۷ء۔

نئی خوشبو کا

ایک خودرو پھول

عزیز پریم نارائن سکسینہ رازؔ ایم۔ اے کے مجموعۂ کلام (بیشتر غزلوں اور چند مختلف نظموں) کا مسودہ موسوم بہ "آبشارِ نغمہ" میرے سامنے ہے اور اُن کی گزشتہ چوبیس پچیس سالوں کی زندگی کا ارتقائی خاکہ بھی۔ اس صورتِ حال پر قلم اُٹھاتے ہی حکیم سنائیؔ کا وہ مشہور قطعہ بند یاد آگیا ہے جس میں فارسی کے اس مقتدر شاعر نے چھ سات اشعار میں ایک فلسفیانہ انداز میں بتایا ہے کہ فلاں شخص یا فلاں شے اپنے ابتدائی مدارج طے کرتے ہوئے کتنے وقت میں فلاں مقام تک پہنچتی ہے۔ حُسنِ اتفاق سے ان کا پہلا شعر "مقامِ شاعر" سے متعلق ہے۔ فرماتے ہیں:

قرن ہا باید کہ تا یک کودکے از لطفِ طبع
عاقلے کامل شود یا فاضلے صاحب سخن

یعنی ایک موزوں طبع، ذہین کمسن لڑکے کو ایک مسلّمہ عاقل یا فاضل شاعر بننے کے لئے دسیوں برس چاہئیں۔ رازؔ اتنا بڑا دانشور یا اتنا بڑا فاضل شاعر تو نہیں جو حضرت سنائیؔ کے ذہن میں تھا۔ لیکن اتنا ضرور کہہ سکتا ہوں کہ اِسے بھی ایک "صاحبِ طرز" شاعر بننے کے لئے دسیوں برس لگے ہیں۔

۱۹۵۲-۵۳ء میں روزانہ "پرتاپ" دہلی کا دفتر پنچکوئیاں روڈ پر تھا۔ مَیں شعبۂ نظم کا انچارج تھا۔ اسی زمانے میں ایک روز ایک چھریرے بدن کا، سانولا سا، میرے بڑے بیٹے پریم ساگر کا ہمعصر، پندرہ

سولہ سالہ شریف و ذہین لڑکا کچھ لجاتا شرماتا میرے پاس پہنچا۔ بہت مہذب و مودب نظر آیا۔ جیب سے کاغذ نکال کر دکھایا۔ اس پر چند اشعار لکھے تھے۔ آج مجھے یاد نہیں وہ کیا تھے۔ اتنا یاد ہے کہ موزوں و بامعانی تھے اور اس لڑکے کی عمر کی نسبت تعجب خیز تھے۔ میں نے دل کھول کر اُسے داد دی۔ یقین دلایا کہ یہ اشعار ہمارے شعری کالم "حیات و نغمات" میں ضرور چھپیں گے۔ اس کے چہرے پر فاتحانہ تبسم چھلک رہا تھا۔ میں نے اس کے کندھے تھپتھپاتے ہوئے کہا، "تم شاعری کے خودرَو پھول ہو۔ اچھے شاعر بنو گے۔ لیکن عزیزم! شاعری پیٹ نہیں بھرتی۔ پہلے اپنی تعلیم کو مکمل کر کے برسرِ روزگار بننے کی کوشش کرو۔ یہ شوق پورا کرنے کو عمر پڑی ہے۔"

میرا خیال ہے۔ پریم نارائن نے میرے ان ریمارکس کا اچھا تاثر لیا تھا۔ بعد ازاں وقتاً فوقتاً کائستھ خاندان کا یہ ہونہار چشم و چراغ دفتر میں مجھے ملتا رہا۔ اس کے اشعار چھپتے رہے۔ شوق بڑھتا رہا۔ مجھے یہ جان کر کہ وہ سکول میں بھی گنے چُنے طالب علموں میں ہے۔ خوشی ہوتی رہی۔ اس سے زیادہ میں اس نوجوان کی ترقی و بالیدگی میں کریڈٹ نہیں لے سکا۔ دفتری اور خانگی مصروفیات میں دبا رہتا تھا۔ البتہ مجھے اچھی طرح یاد ہے کہ میں نے اسے اپنے محترم دوست مدیرِ "ملاپ" پنڈت رام کرشن مضطر سے رجوع کرنے کا مشورہ دیا تھا۔ سورگیہ مضطر ایک نہایت فصیح و بلیغ شاعر تھے۔ وسیع مطالعہ کے مالک تھے۔ حافظہ غضب کا پایا تھا۔ شعری خوبیوں کے ساتھ ساتھ اخلاقی خوبیوں سے بھی بوجہ احسن متصف تھے۔

پریم نارائن راز کا کلام اس طرح "پرتاپ" اور "ملاپ" دونوں کثیر الاشاعت اخباروں میں اشاعت پذیر ہوتا رہا۔ ترقی کے رستے از خود کھلتے گئے۔ رفتہ رفتہ ملک کے دوسرے جرائد و رسائل میں بھی ان کی غزلیں اور نظمیں چھپنے لگیں۔ ریڈیو پر بھی نشر ہونے لگیں۔ سورگیہ رام کرشن مضطر کا پُرشکوہ رنگ خاص انہوں نے بعجز عقیدت

اور لگن سے اپنایا، وہ میرے لئے باعثِ حیرت و مسرت تھا۔

زندگی کبھی ایک ڈگر پر نہیں گزرتی۔ رازؔ صاحب کو بھی زیست کی تلخیوں سے دوچار ہونا پڑا۔ ۱۹۵۷ء میں ان کے والد صاحب کی وفات ہوگئی۔ بھائیوں میں بڑے تھے، گھر کا سارا بوجھ ان پر آن پڑا۔ غالباً اسی زمانے میں ان کے والد کے ایک شفیق دوست جناب اقبال نارائن کی وساطت سے انہیں راجیہ سبھا میں ملازمت مل گئی۔ اس عالم میں نہ صرف اپنا بلکہ اپنے عزیز بھائیوں کا سلسلۂ تعلیم جاری رکھا۔ کم و بیش ذوقِ شاعری پھر بھی شاملِ حال رہا۔ مجھے ہر زمانے اور ہر کیفیتِ حالات میں ملتے رہے۔ انہی حالات سے نبرد آزمائی کرتے ہوئے انہوں نے ۱۹۶۲ء میں ایوننگ انسٹی ٹیوٹ آف پوسٹ گریجویٹ اسٹڈیز دہلی سے ایم۔ اے انگلش کیا۔ ملازمت کے سلسلے میں تین سال افغانستان میں بھی رہے۔ ۱۹۷۶ء میں واپس دہلی آئے۔ توجہاں درجۂ ملازمت ترقی پر تھا۔ وہاں ادبی مشاغل بھی زیادہ سرگرم دکھائی دیئے۔ ۱۹۸۰ء تک ان کا کلام ہر طرح معیاری سمجھا جانے لگا۔ میں انہیں وقتاً فوقتاً خط لکھتا رہتا تھا۔ ان کی عقیدت و سعادت کا جواب نہیں۔ اپنے مسودہ "آبشارِ نغمہ" کے ساتھ ۱۹۸۰ء کا لکھا ہوا میرا ایک خط بھی لے آئے ہیں۔ میں اسے من و عن ذیل میں درج کر رہا ہوں۔

روزانہ تیج۔ ۸۔ بی ظفر مارگ نئی دہلی۔ ۱

۸۰ — ۱۱ — ۳

عزیز القدر رازؔ۔ زندہ باد۔

آج دفتر آتے ہی کوئی اور کام شروع کرنے سے پہلے آپ کو خط لکھ رہا ہوں۔ دعا کرتا ہوں آپ کے حق میں عز اللہ کرے زورِ قلم اور زیادہ

کل کے "ملاپ" میں شائع شدہ آپ کی دو غزلوں کا ایک ایک شعر قابلِ داد ہے۔ آپ کا یہ شعر ؎

کیوں نہ میں باغ کی کلیاں ہی کھلاتا جاؤں
ایک جھونکا ہوں، بہرحال گزر جانا ہے

مجھے بیحد پسند آیا۔ سبحان اللہ۔ کتنی شگفتہ و سلیس زبان اور کتنے دلنشیں انداز میں وہ بات کہی ہے جسے حقیقتِ ہستی سمجھ کر ہمارے بیشتر متقدمین و متاخرین کہتے آئے ہیں لیکن آپ کا یہ اندازِ بیاں طرفہ دلکشی رکھتا ہے زندگی جھونکے کی طرح گزرنے والی ہے، جھونکے کی طرح گزر جائے گی۔ اس حقیقت کو بیسیوں نے بیان کیا۔ لیکن اس جھونکے کا مصرف آپ نے جس بیساختگی سے بتایا ہے۔ وہ نہایت اثر انگیز ہے۔ شعر

کیوں نہ میں باغ کی کلیاں ہی کِھلاتا جاؤں

گزشتنی و گزراں جھونکے کا بہترین مصرف ہے کہ وہ کسی باغ کی کلیاں کِھلا جائے۔ کتنے پیارے۔ دل میں اترنے والے انداز سے آپ نے یہ بات کہی ہے۔ واہ واہ۔ جھوم اٹھا ہوں۔ سلاستِ زبان و پاکیزگیِ خیال کی داد دیتا ہوں۔

میں نے آپ کا یہ شعر اپنے پسندیدہ اشعار کی ڈائری میں نوٹ کر لیا ہے۔ گیتا کا یہ فلسفہ کرنعل ہماری فطرت ہے۔ مختصر زندگی عبارت ہے کام سے۔ جب کام ہی کرنا ہے تو کوئی فیض رساں کام کیوں نہ کیا جائے۔ زندہ باد ــــ

خیر اندیش

الفت ایمن آبادی!!

میری خواہش تھی۔ میں ان ذاتی باتوں کو نہایت اختصار سے لکھتا تاکہ راز صاحب کی بنیادی ستایش میں ان باتوں کو کوئی میری خودستائی پر محمول نہ کر سکے۔ سچی بات یہ ہے کہ میں اپنے بارے میں کچھ بھی لکھنے میں انتہائی بخل سے کام لیتا ہوں۔ میرے ذہن کو انگریزی کا یہ مقولہ وارننگ دیتا رہتا ہے THE MORE YOU TALK ABOUT YOURSELF, THE MORE YOU LIE, ــــ آپ جتنا اپنے بارے میں بولیں گے اُتنا ہی زیادہ جھوٹ بولیں گے۔ آدمی کی فطرت ہے۔ اپنی بات میں مبالغہ آمیزی کر جاتا ہے۔ میں قارئین کو یقین دلاتا ہوں کہ میں نے اس میں شمہ بھر مبالغہ آرائی سے کام

نہیں لیا۔ اختصار پسندی کے باوجود اتنا کچھ لکھ گیا اس لئے کہ ع
لذیذ بود حکایت دراز تر گفتم
میں کوئی اچھا نقاد ہوں نہ اچھا شاعر۔ ایک ویکلی کے ایڈیٹر ہونے کے ناطے پیشہ ورانہ تنقید میں تبصرے لکھتا رہتا ہوں ——— ہمیشہ IMPARTIALITY (غیر جانبداری) کو مدِ نظر رکھنے کی کوشش کرتا ہوں راز صاحب کا تقاضا ہے کہ ان کے "آبشارِ نغمہ" پر بھی ایک IMPASSIVE (جذبات سے معرّا) تبصرہ لکھوں۔ اس "آبشارِ نغمہ" کے ایک قطرے کی پسندیدگی میں پورا خط لکھ چکا ہوں۔ آبشار کے قطرے قطرے کو کون گنے؟ کون پرکھے؟ یہ کام قارئین پر چھوڑتا ہوں۔ وہ بہتر جج ہوتے ہیں۔

مختصراً عرض کردوں کہ شیکسپیئرین دور کے مشہور نقاد گریسن کے مطابق ایس (S) سے شروع ہونے والے تین الفاظ جانِ شاعری ہیں (۱) SOUND (۲) SENSE اور (۳) SUGGESTION۔ ساؤنڈ سے اُن کی مراد زبان کی فصاحت لطافت اور حلاوت ہے۔ صحت روزمرّہ و محاورہ۔ الفاظ کی شوخی و نغمگی تراکیب کی خوش سلیقگی۔ جملوں کی بندش و دروبست سب کچھ اس "ساؤنڈ" میں شامل ہے۔ مطلب یہ کہ شعر کی صوتی تشکیل ایسی محسوس ہو جیسے کسی حسین و خوش آیند ساز کی لے ہو۔

جہاں تک لطافتِ زبان کا تعلق ہے۔ راز صاحب کو یہ نعمت لکھنوی کائستھ ہونے کی بدولت ورثہ میں ملی ہے۔ اسی ذیل میں ان کے دو ایک شعر سُنئے، مشتے نمونہ از خروارے۔

یہی ہے تفسیر اپنی ہمدم، ہم اہلِ غم نے ہر انجمن میں
بیانِ سوزِ دروں کیا جب شرار اڑنے لگے زباں سے

خامشی ہی سخن ہوگئی ؛؛ گونج اک انجمن ہوگئی
جس کے ہونٹوں پہ تھی اک گرہ ؛؛ وہ کلی ہمسخن ہوگئی
بخش دیں جرأتیں آپ نے ؛؛ مجھ کو تابِ سخن ہوگئی
دیکھتے دیکھتے شاخِ گل اک شگفتہ چمن ہوگئی

کس طرح رقص کروں وجد میں آؤں کیسے ✧ میرے ہاتھوں میں نہیں بربطِ ایّام ابھی

ہر شعر کے نفسِ مضمون سے قطع نظر زبان کی شستگی۔ لفظوں کا حسنِ انتخاب اور ان کا خوشنما رعایتی اہتمام فردوسِ گوش بنتا چلا جا رہا ہے۔

"آبشارِ نغمہ" کے صفحہ صفحہ پر آبشاری ترنّم کارفرما ہے (۲) SENSE سے مُراد ہے فکری معقولیت۔ جدّتِ فکر۔ ندرتِ خیال اور نفاستِ احساس۔

رازؔ صاحب کے یہاں لطافتِ زبان کے دوش بدوش حسنِ خیال کا التزام ہے۔ وہ بھرتی کے اشعار بہت کم کہتے ہیں۔ حیرت ہے کہ طرحی غزل میں بھی اپنی خیالی انفرادیت کو نگاہوں سے اوجھل نہیں ہونے دیتے۔ زبان اور خیال کے حسین امتزاج ہی کو جانِ شعر سمجھتے ہیں۔ اس حقیقت کا انہیں بھرپور احساس ہے اور یہ شعر اسی احساس نے کہلوایا ہے ؎

جب حسنِ تخیل کو محسوس کیا دل نے ✧ اشعار میں جذبے کی تاثیر نظر آئی

اور ان کا یہ شعر حسنِ زبان و خیال کا مرقع ہے ؎

اک ماہ وش کا نور رہا رُوح پر محیط
ہر رات زندگی کی مجھے چاندنی ملی

انسان میں نورِ شعور نہ ہو تو وہ حقیقت میں کیا ہے؟ فرماتے ہیں ؎

یہ فکر و نظر، یہ شمعِ عمل روشن نہ کریں ہستی کو اگر
ہم چلتے پھرتے سائے ہیں زندانِ جہاں کی سیاہی میں

اور اس ندرتِ خیالی کا جواب نہیں ؎

عمرِ شوق گزاری جل کر ✧ مثلِ چراغِ رواں پانی میں

"آبشارِ نغمہ" میں اس پایہ کے خیال انگیز اشعار کی کمی نہیں۔

(۳) SUGGESTION۔ شاعر آیدیشک (تاصح) نہیں ہوتا۔ لیکن اس کے خیالوں میں کچھ ایسی بے اختیار اُمنگیں اور ترنگیں اٹھتی ہیں جو سامع کے ساحلِ دل پر دریائی لہروں کے سے امٹ نشان چھوڑ جاتی ہیں۔ ان فکری ترنگوں کے نادانستہ تاثر کا نام ہے "سجیسشن" اسے عام فہم لفظوں

ہیں۔ سمجھاؤ۔ ترغیبِ تحریک یا "پیامِ شاعر" کہہ لیجئے۔ جب تک شاعر کے کلام میں اس قسم کی بیساختہ غیر مرئی تحریکیں پیدا نہیں ہوتیں۔ وہ زبان و خیال کے جملہ صفات کے باوجود "بے تاثیر" رہ جاتا ہے۔ راز صاحب کا وہ شعر جس کا میں نے اپنے خط میں ذکر کیا ہے اس صنف کا بہترین شعر ہے۔ ان کا یہ مصرعِ کیوں نہ میں باغ کی کلیاں ہی کھلاتا جاؤں؟ بظاہر کوئی اُپدیش نہیں، ترغیب نہیں، تحریک نہیں۔ لیکن اس کے دوسرے مصرع کی معیت میں غیر شعوری طور پر ایسا پیغام بن گیا ہے۔ جسے ایک بار پڑھ لیں تو ذہن پر کالنقش فی الحجر ہو جاتا ہے۔ آبشارِ نغمہ میں اس قبیل کے متعدد شعر ملتے ہیں جن کی تاثیر میں کلام نہیں۔

"حقیقت یہ ہے کہ جس طرح کسی بھی ABSTRACT شے کی تعریف کا تعین نہیں ہوسکتا۔ اسی طرح شعر اور حسنِ شعر کی جامع و مانع تعریف (DEFINITION) ممکن نہیں۔ کوئی آپ سے پوچھے "حسن" کی کیا تعریف ہے آپ آئیں بائیں کریں گے اور یہی کیفیت شعر کی ہے۔ فلسفیانہ بحث میں جائے بغیر ہمیں اتنا سمجھ لینا چاہیئے کہ طرزِ ادا کی جدت اور اسلوبِ بیان کی ندرت ہی حسنِ شعر ہے۔ شاعر ایک معمولی سی بات کو لیتا ہے اور اس کو ایک ایسے انوکھے دلکش پیرایہ میں بیان کرتا ہے کہ جو سنتا ہے۔ سر دھنتا ہے۔ اُس پر وجد کی سی کیفیت طاری ہو جاتی ہے۔ یہ بھی یاد رہے کہ جن اسباب سے طرزِ ادا میں دلکشی اور دلآویزی پیدا ہوتی ہے۔ وہ ایک طرح کے نہیں ہوتے بلکہ مختلف ہوتے ہیں۔

(۱) کبھی تو صرف زبان کی بے تکلفی۔ روانی اور شستگی یہ کام دیتی ہے۔ (۲) کبھی عام طریقۂ ادا کے بدلنے سے یہ مطلب حاصل ہوتا ہے (۳) کبھی شاعرانہ استدلال سے (۴) کبھی شوخی و ظرافت سے (۵) کبھی استعارہ و تشبیہ کے نادر اور جدید ہونے سے ــ دراصل یہ اسباب بھی پورے طور پر متعین نہیں ہوسکتے۔ سننے والا جب سنتا ہے تو اتنا سمجھتا ہے کہ کسی چیز نے گُدگُدایا ہے۔ پھڑکایا ہے۔ کس نے یہ حرکت دی؟ وہ اسے بیان نہیں

کرسکتا۔ صرف REALIZE کرسکتا ہے۔

اور ہر بشر بشر کی پسند جُداگانہ ہے۔ شاعر کس کس کی پسند ملحوظ رکھے اس لئے اس میدان شاعری میں وہی لوگ کامیاب ہوتے ہیں جن میں غیر معمولی خود اعتمادی ہو۔ خود راز صاحب کی طرح دھڑلے سے کہہ سکیں ؎

زمانہ کر نہ سکے گا مجھے نظر انداز
میں اپنے دور کی ہوں ایک معتبر آواز

ہو سکتا ہے کوئی اسے خود پسندانہ بڑ کہے۔ لیکن حقیقت یہ ہے ایک غیر متزلزل۔ مستحکم و مصمم نوجوان کے پائیدار ضمیر کی سپاٹ آواز ہے۔

راز کسی کا مقلد نہیں۔ اس کی زبان اپنی۔ بیان اپنا۔ خیال اپنا، شعری جمال اپنا ہے۔ یہاں تک کہ اس کے عقائد و کلیات (CONVICTIONS) سو فیصد اپنے ہیں۔ وہ بنیادی طور پر غزل گو شاعر ہے۔ لیکن غزل کو بخلاف عوام محض "حسن و شباب اور شراب و کباب" کی قصیدہ گوئی نہیں سمجھتا۔ اس کے تحت الشعور میں غلبۂ حیوانیت نہیں۔ تلذذ کی تشنگی نہیں۔ شراب وہ نہیں پیتا۔ گوشت وہ نہیں کھاتا۔ حالانکہ جہاں تک مجھے یاد ہے، کائستھوں میں ان چیزوں کی شدت سے ممانعت بھی نہیں۔ ایک صوفی صافی ہے۔ ایک اچھے خاندان کا اعلیٰ درجے کا تعلیم یافتہ، مہذب و مؤدب انسان ہے اور یہی شستہ و لطیف خواص اس کی شاعری میں جھلملاتے ہیں ؎

میری آبِ فکر میں ذہن نہاتے گئے
میں لافانی وقت کا بہتا دریا تھا

ایسے صحت مندانہ خیالات کا خالق اُردو غزل کی ہوس انگیزی اور اندھا دُھند سوقیانہ پن کو ہرگز پسند نہیں کرسکتا۔ غزل کی زبان کی رعایات و لوازمات میں بیشک وہ کسی سے پیچھے نہیں۔ ان کے یہ اشعار پڑھیئے!

کم نہیں ہوتی چھلک کر کسی موسم میں ؏ دل کے پیمانۂ احساس میں صہبا کیا ہے

خود ہم اپنے ہی ہاتھوں سے رندوں نے بھرے ساغر ؏ ساقی کے کرم میں جب تاخیر نظر آئی

بتائیں کس طرح ہم اُس غریقِ عیش و مستی کو
شرابِ غم سے کیسے عمر کا پیمانہ بھرنا ہے

ساقیٔ بزمِ دولت سے کہتے ہیں رندِ تشنہ کام
وہ بھی کوئی شراب ہے آ نہ سکے جو تا بہ جام

دیکھئے لوازماتِ غزل کو برقرار رکھتے ہوئے انہوں نے کیسے کیسے عصری اشارات دیئے ہیں۔ غزل میں غزل کی مخصوص روایات کے سوا چارہ نہیں بقول غالب

ہر چند ہو مشاہدۂ حق کی گفتگو
بنتی نہیں ہے بادہ و ساغر کہے بغیر

رازؔ صاحب کے حسن و عشق کا معیار بھی ایک مہذب و خود دار انسان کا سا ہے، مثلاً

بدنام عشق میں نہ ہوئے غیر کی طرح
عزت فزا حیات ہمیں عشق کی ملی

اِک ٹھیس بھی اَنا کو نہ لگنے دی رازؔ نے
پہنچا اس احتیاط سے اُن کے دیار تک

ایسا پیار نبا ہیں باہم
جو نہ ہو قیدِ تنِ فانی میں

کبھی غزل کا مری آئینہ اُٹھا کر دیکھ
ترا جمالِ سراپا ہی جلوہ آرا ہے

عموماً محض غزل گو شاعر پابندِ رسوم و قیود بن کر ہی رہ جاتے ہیں۔ جدید قدروں اور عصری حسیت سے انہیں دور کا بھی واسطہ نہیں ہوتا۔ لیکن "آبشارِ نغمہ" میں ایسے قطرات و رشحات برستے ٹپکتے نظر آتے ہیں۔ جنہیں ہم جدید تقاضوں کا اُبھرتا ہوا احساس کہہ سکتے ہیں۔ مثالیں دیتا چلا جاؤں تو مضمون ضرورت سے زیادہ طویل ہو جائے گا۔

آخر میں ایک بات ضرور کہنا چاہوں گا۔ شروع میں مَیں نے جذبات سے معرّا رہنے کا ارادہ کیا تھا۔ لیکن اس قدرتی امر سے احتراز نہیں ہو سکتا

"اپنے پیارے کی ہر چیز پیاری ٹھگتی ہے"۔ میں نے پریم نارائن کو قریب سے دیکھا ہے۔ وہ فطری طور پر پُرسکون، مطمئن اور سیراب طبیعت کا مالک ہے اس سلیم الطبع آدمی کے ساتھ قدرت نے بھی ویسا ہی انصاف کیا ہے۔ معقول ملازمت ہے۔ ایک اونچے گھرانے کی تعلیم یافتہ شریکِ حیات ــ حسین وذہین بچے اور خدا کے فضل سے سب کچھ ہے جو ہونا چاہیئے انسانی تحت الشعور میں جو بات ہوتی ہے۔ وہ نادانستہ طور پر منہ سے نکل جاتی ہے۔ ایک غزل کے اس شعر کو اُن کے اظہارِ طمانیت کا اشارہ سمجھتا ہوں ــ

ہر خوشی سے بھر دیا دامن ترا
اور تجھ کو چاہئیے کیا زندگی؟

میرا عقیدہ ہے کہ ایسی بھری پُری شکر گزار ذہنیت کے انسان ہی دنیا میں تخلیقی و تعمیری کام کرتے ہیں۔ اور آفاق :بن حیات و نغمات کی آبشاریں برسا جاتے ہیں۔

مَیں دُعا کرتا ہوں، رازؔ صاحب کی یہ طُرفہ تخلیق جلد از جلد منظرِ عام پر آئے۔ مجھے پُوری اُمید ہے کہ دنیائے شعر و ادب میں اس کا بوجہ احسن خیر مقدم ہوگا۔ رازؔ صاحب کو تحریک دلانے کے لئے آہنیؔ کا مطلع دہراتا ہوں ــ

تو ساز چھیڑ فضا سازگارِ نغمہ ہے
زمیں سے تا بہ فلک انتظارِ نغمہ ہے

اُلفت امین آبادی
۱۵ ؍ جون سنہ ۱۹۸۰ء

فہرست

غزلیات

۲۱

۳۵

اے خدا

مجھ کو یارب بخش دے وہ دیدۂ شناعِ صفات
دل کے آئینے میں دیکھے جو مکمل کائنات

بخش وہ سننے کی طاقت گوشِ فطرت کو مرے
سن سکوں ہر لمحہ صوتِ جنبشِ نبضِ حیات

بخش دے اتنی رسائی میرے ذہن و فکر کو
میں ہر پرواز سے چھولوں حدودِ ممکنات

بھر دے لافانی تموّج میری اِک اِک موج میں
میں نہیں قطرہ بھی، تو ہے بیکراں بحرِ صفات

اپنی اِک خوبی سمجھنے ہی کا مجھکو فہم بخش
میں صفت نا آشنا ہوں، تو ہے ذاتِ باصفات

خود شناسی کی طلب میں اس طرح تحریک دے
موجزن ہو جائے مجھ قطرے میں بحرِ کائنات

قطرے قطرے میں ہو جس کے دائمی موجِ سرور
اُس مئے وجداں سے بھر دے ساقیا جامِ حیات

ایسے گل کر دے شگفتہ میری کشتِ فکر میں
جن کی خوشبو سے مہکتا ہی رہے باغِ حیات

اے خدا پیدا وہ ضو کر شعلۂ آواز میں
اِک جہاں کے دل کو بخشے نور میرے دل کی بات

مجھ کو دے اُس گوشۂ دامانِ رحمت میں پناہ
جس میں ہوتا ہی نہیں اندیشۂ مرگ و حیات

حمد خوانی کا وہ عالم روح میں کر دے بپا
راز کو دار البقا میں غم سے مل جائے نجات

۳۶

جب سے تیرا درد شامل ہے مری آواز میں
ایک نغموں کا جہاں ہے زندگی کے ساز میں

ایک بھی خوبی بخوبی ہو نہیں پائی بیاں
عمر ساری کٹ گئی ذکرِ نگاہِ ناز میں

آرزو کی ہر کلی اِک گلشنِ خنداں ہے آج
وہ صباحت ہے بہارِ جاں کے ہر انداز میں

پاس ہے کچھ حُسن کا کچھ حُسن کے آداب کا
بن بلائے کیسے جاؤں اُن کی بزمِ ناز میں

بن رہا ہے پھول اِک اِک غنچۂ حُسنِ خیال
آج وہ بالیدگی ہے فکر کے انداز میں

تھا اِدھر اندازِ دلی شاملِ عرضِ نیاز
اور اُدھر نازِ ادا تھا حُسن کے انداز میں

جھلملاتی چاند کی کرنوں سے بڑھ کر تھیں لطیف
جُنبشیں ملبوسِ سیمیں کی خرامِ ناز میں

مہر و ماہ و کہکشاں ہوں جیسے قدموں کے نشاں
آج ہیں وہ رفعتیں انسان کی پرواز میں

فاش ہو کر ہی رہے گا دِل کی بربادی کا راز
عشوہ ہائے نو بہ نو ہیں دیدۂ غماز میں

۳۰

خامشی ہی سخن ہو گئی ،، گونج اِک انجمن ہو گئی
کھیل ہی کھیل میں زندگی ،، عشق کا بانکپن ہو گئی
حُسن کی ایک کافر ادا ،، میرا دیوانہ پن ہو گئی
جِس کے ہونٹوں پہ تھی اِک گرہ ،، وہ کلی ہم سخن ہو گئی
گھر بُلا کر مرا اِک کرن ،، رونقِ انجمن ہو گئی
رنگ اُن پر چڑھا عِشق کا ،، سادگی بانکپن ہو گئی
آپ نے جُرأتیں بخش دیں ،، مجھکو تابِ سخن ہو گئی
گھر مِرا ڈھونڈتے ڈھونڈتے ،، مُضمحل اِک کرن ہو گئی
دیکھتے دیکھتے شاخِ گُل ،، اِک شگفتہ چمن ہو گئی
وقت بدلا مِرا ناگہاں ،، دھوپ سایہ فگن ہو گئی

اُس نے بخشی وہ موجِ بہار
میری ہستی چمن ہو گئی

تھی نکہت و رنگ کی توقع چمن کو جس موجِ گلفشاں سے
گلوں کے دل کو وہ داغ دے کر گزر گئی صحنِ گلستاں سے

کہاں ملا اس بہار میں بھی مفر ہمیں شورشِ خزاں سے
گلوں کے ارماں سلگ رہے ہیں چمن میں بادِ شرر فشاں سے

قبا تو کب کی جھلس چکی تھی جھلسنے والی ہے روح اب تو
برس رہی ہے زمیں پہ پیہم اک آتشِ قہر آسماں سے

عجیب تاثیرِ برقِ سوزاں ہے عصرِ تازہ کی اس فضا میں
دھواں تباہی کا اٹھ رہا ہے چمن میں ہر شاخِ آشیاں سے

کہاں ہے وہ باغباں جو ان کو خود اپنے دامن میں جذب کر لے
لہو کے آنسو ڈھلک رہے ہیں ابھی تو رخسارِ گلستاں سے

رہے ہیں جو ہمنوائے باطل ہوئے ہیں جو ہمخیالِ قاتل
وہ آج روشن ضمیر بن کر کریں گے کیا ذکرِ حق زباں سے

یہی ہے تقصیر اپنی ہمدم ہم اہلِ غم نے ہر انجمن میں
بیانِ سوزِ دروں کیا جب شرار اُڑنے لگے زباں سے

نئے تمدن کی بستیوں میں ملا نہ اک غمگسار ایسا
جو سرگزشتِ الم سمجھتا اداس چہروں کی داستاں سے

کریں گے وہ کیا وطن کی خدمت وہ قوم کا کیا بھلا کریں گے
غرض کی خاطر نثار ہوں جو ستمگروں پر ہزار جاں سے

۳۹

نگاہِ اِنساں میں مہر و مہ کا وجود گرد و غُبار سا ہے
فلک نشینوں کو سجدہ کرنا خرد کو اَب ناگوار سا ہے

جو ہمسرِ مہرِ ضو فشاں تھا وہ ذرّہ رہ گزار سا ہے
دل و نظر کے ہر آئینے پر وجود اُس کا غُبار سا ہے

ہمارے تازہ لہو کے قطرے روش روش پہ جو کل گرے تھے
سُنا ہے اہلِ چمن کو کہتے اُنہی سے رنگِ بہار سا ہے

دلوں میں پھولوں کے اَب بھی پیوست ہیں جفا پروروں کے خنجر
کلی کلی خوں فشاں ہے غم سے چمن کا سینہ فگار سا ہے

مشاہداتِ چمن سے اب تو یقین ہونے لگا ہے دل کو
بہار آئی نہیں چمن میں ابھی تو ذکرِ بہار سا ہے

یہ میکدہ تو وہی ہے ساقی تغیّرِ وقت ہے بس اتنا
جو پارسا تھا وہ بادہ کش ہے جو بادہ کش تھا وہ پارسا ہے

سِکھا کے انداز زندگی کے بھلا چکی ہیں جو ہم کو کب سے
اُن انکھڑیوں پر وفا کا اب بھی نہ جانے کیوں اعتبار سا ہے

قریب سے دیکھ کر بھی اُسکو یقین آتا نہیں یہ دِل کو
جو ظلم ڈھاتا رہا ہے ہم پر وہ آج کچھ شرمسار سا ہے

اِس ایک اندازِ دلبری پر نثار ہے قلبِ راز کب سے
یگانگی کا ہے رنگ اُسمیں وہ رُخ جو بیگانہ وار سا ہے

۴۰

ہر گھڑی ٹل جائے جس سے موت کی
چھیڑ اِک ایسی غزل اَے زندگی

کوئی آہٹ ہے نہ خوشبو ہے نہ رنگ
رُک گئی ہیں دھڑکنیں احساس کی

ریزہ ریزہ ہو گیا کوہِ اَنا
رُوح میں وہ کرب کی آندھی چلی

صدقے اُترا ہوں ترے سَو جان سے
مجھ سے دامن مت چھڑا اے زندگی

چبھ رہی ہے دیدۂ احساس میں
گلستانِ رنگ و بُو کی روشنی

ہر نفس چھوٹی سی عمرِ عشق میں
کشمکش ہے زندگی اور موت کی

ہر خوشی سے بھر دیا دامن ترا
اور تجھ کو چاہیئے کیا زندگی ؟

ان کا پسِ منظر بھی دیکھیں دیدہ ور
داد ہی تحصیل کر نہ دیں اشعار کی

جس میں نغموں کا تلاطم آپ تھے
رازؔ کی وہ بیکراں آواز تھی

۱۴

سفر ہوا نہ کبھی ختم بہتے پانی کا
میں بُوند بُوند سمندر بنا رَوانی کا

یہ کہہ رہی ہے مرے برگ برگ کی خوشبو
گُلِ شفق ہوں میں اسرارِ آسمانی کا

حسین ہونٹوں کی جُنبش سے کھِل اُٹھے تھے
فضائیں پھیل گیا رنگ خوش بیانی کا

زبانِ وقت نے دہرا کے کر دیا مقبول
فسانہ میری نظر اور تری جوانی کا

کہے بغیر ہی ہر بات وہ سمجھتا ہے
عجب شعور ہے اُسمیں مزاج دانی کا

گھُٹن کا نام نہ ہو انبساط ہو جس میں
کریں تلاش وہ ماحول زندگانی کا

زبانِ شعر سے ہر حال کہہ چکا ہوں مگر
گِلہ ہے پھر بھی اُنہیں میری بے زبانی کا

زبانِ وقت پہ ہے جس کا لہجۂ آواز
وہ شخص ہی تو ہے ہیرو مری کہانی کا

حیات و موت کی منزل سے بھی گزر کر رازؔ
ہوا نہ ختم سفر رُوح کی رَوانی کا

۴۲

اِک چراغ اُس نے کسی گھر کا بُجھایا کیا ہے
پُوچھتا پھرتا ہے گھر گھر یہ اندھیرا کیا ہے

عُمر بھر کوئے تمنّا میں رہا سرگرداں
پھر بھی ناداں نہیں سمجھا کہ تمنّا کیا ہے

چین سے مرنے نہیں دیتی کِشش دُنیا کی
ہائے یہ عالمِ رعنائیِ دُنیا کیا ہے

ہر کسی دَر پہ نہیں جھکتی بہ صد عجز و نیاز
ہے جبیں کو یہ خبر عظمتِ سجدا کیا ہے

کم نہیں ہوتی چھلک کر بھی کسی موسم میں
دِل کے پیمانۂ احساس میں صہبا کیا ہے

لینے والی ہے جنم کیا کوئی وحشی تہذیب
دہر کے بطن سے شوشہ سا یہ اُٹھتا کیا ہے

وقت کے رُخ پہ نیا چہرہ لگا دو اُٹھ کر
روز بے چہرگیِ وقت کا رونا کیا ہے

جانبِ دیر و حرم صاحبِ ایماں دیکھیں
طعنہ زن کفر کا ہنستا ہوا چہرا کیا ہے

خود پہنچ جائیں گی اربابِ نظر تک کرنیں
تو چراغِ سخن اے رازؔ دکھاتا کیا ہے

۴۲

انوکھی ہے یہ بُرّش خنجروں کی
زبانیں کٹ رہی ہیں ہمسروں کی

گزر روکیں گے مجھ چشمہ صفت کا
یہ جرأت راستے کے کنکروں کی

کسی صورت نہ بدلا عزمِ پرواز
بدلتی ہی رہی صورت پروں کی

جدھر دیکھو جھکے ہیں ایک جانب
ہے کج بُنیا دکیا اُردو گھروں کی

عجب پستی ہے میرے اوجِ فن تک
نہیں جاتی نظر دیدہ وروں کی

ہماری سخت جانی کا یہ افسوں
بندھی ہے دھار اُن کے خنجروں کی

ترے پینٹر لئے رخساروں پہ اے راز
لکیر اشکوں کی ہے یا کنکروں کی

منزلوں چل کے بھی ہے ذوقِ طلب خام ابھی
ہر قدم دل کو ہے اندیشۂ انجام ابھی

جرأتِ شوق سے کر عزم کی مشعل روشن
قصرِ اُمید کے تیرہ ہیں در و بام ابھی

کس طرح رقص کروں وجد میں آؤں کیسے
میرے ہاتھوں میں نہیں بربطِ ایّام ابھی

طعنہ زن ہیں کرمِ ساقیٔ میخانہ پہ
تشنہ لب بادہ گساروں کے تہی جام ابھی

ہم جو اُٹھے تو بدل دیں گے تری کہنہ روش
ہم کو بیدار نہ کر گردشِ ایّام ابھی

جس میں قطرے نظر آئیں گے یہ ماہ و خورشید
دستِ رنداں سے چھلکنے کو ہے وہ جام ابھی

اُن نگاہوں نے دیئے تھے جو کبھی ہنس ہنس کر
دل کی دھڑکن سے وہی آتے ہیں پیغام ابھی

رقص کرتی ہے تصوّر کی حسیں وادی میں
اُس کی پازیب سے چھنکی ہوئی ہر شام ابھی

رنگ بھرتی ہیں وہ بدمست نگاہیں اے رازؔ
میرے پیمانۂ احساس میں ہر شام ابھی

۴۵

اَدا اَدا میں نظر آ رہے ہیں نِت نو اَنداز
یہ میرا ظرفِ نظر ہے کہ حُسن کا اعجاز

زمانہ کر نہ سکے گا مجھے نظر انداز
میں اپنے دَور کی ہوں ایک معتبر آواز

لپکتا رہتا ہے جو گوشِ سامعین میں راز
ربابِ دل میں ہے میرے وہ شعلۂ آواز

بہائے تھے جو کسی نے مری محبت میں
مری غزل میں ہے اُن آنسوؤں کا سوز و گداز

گرا وہ کوہِ گراں آئنوں کی بستی پر
نہ کوئی آئنہ باقی رہا نہ آئنہ ساز

مری نگاہِ تجسس کو مل گیا وہ مقام
ہیں بے نقاب جہاں پر حقیقت اور مجاز

نیا ستم کوئی ایجاد کر کہ دل بہلے
ہمیں لبھاتے نہیں کہنہ ظلم کے انداز

میں رقص کرتا رہا رازؔ اُس کی ہر دُھن پر
لگا نہ ہاتھ مرے مرگ و زندگی کا ساز

۴۶

آنکھوں کو چمن کی وہ تصویر نظر آئی
پامالیِ خوباں کی تفسیر نظر آئی

جب خوفِ ستمگر سے خاموش زبانیں تھیں
ہر آنکھ کی خاموشی تقریر نظر آئی

ایمان و یقیں لاتے کِس شکل پہ دُنیا میں
جو شکل نظر آئی تزویر نظر آئی

خُود اپنے ہی ہاتھوں سے، رندوں نے بھرے ساغر
ساقی کے کرم میں جب تاخیر نظر آئی،

آنکھوں میں جو منزل تھی مسنور ہوئی ہمدم
کیا خواب تھا کیا اُس کی تعبیر نظر آئی

آنکھوں سے مِری آنسو بہتے ہی رہے پہروں
نم اشکوں سے جب اُس کی تحریر نظر آئی

ہر لفظ صدا بن کر گونجا مرے کانوں میں
نامے میں کِسی کے وہ تحریر نظر آئی

جب حُسنِ تخیل کو محسوس کیا دل نے
اشعار میں جذبے کی تاثیر نظر آئی

رُوکے نہ رُکے آنسو پیشِ نگہہ مُرشد
جب رازؔ ہمیں اپنی تقصیر نظر آئی

۴۷

دل کسی شوخ کا منت کشِ احساں ہے ابھی
ایک نشتر ہے کہ پیوستِ رگِ جاں ہے ابھی

موجِ سفاک پہ مرکوز ہیں نظریں سب کی
کیا کوئی خوں شدہ غنچوں کا بھی پرساں ہے ابھی

اے صبا باغ کے پھولوں کو جلانے کے لئے
کیا کوئی اور بھی شعلہ تہِ داماں ہے ابھی

آتش افروز ہیں ہر سمت شرر آندھی کے
پردۂ دیدہ و دل شعلہ بداماں ہے ابھی

اپنی اغراض میں محصور ہیں اربابِ ہوس
منکرِ دیں نہ کوئی صاحبِ ایماں ہے ابھی

اِک کھٹکتا ہوا نشتر ہے ابھی بادِ بہار
غنچۂ دل مرا مجروحِ بہاراں ہے ابھی

دلِ امروز کے آئینے میں عکسِ فردا
صاف پنہاں ہے نہ کچھ صاف نمایاں ہے ابھی

کٹنے والی ہے ہر اک کہنہ الم کی زنجیر
درِ زنداں پہ یہی نعرۂ مستاں ہے ابھی

راز ہر شاخ پہ پھولوں کا ہجوم خونبار
صحنِ گلزار میں بیزارِ بہاراں ہے ابھی

کُھلے رہے مرے رُخ پر وہ عنبریں گیسو
بسی رہی مری سانسوں میں جانفزا خوشبو

جہاں میں دھوم تری بخششوں کی ہے ہر سو
مرا نصیب کہ اب تک تہی ہیں جام و سبو

وہ اضطراب کے عالم میں کروٹیں پیہم
قرار آ نہ سکا قلب کو کسی پہلو

ترے جمال نے کیا کر دیا خدا جانے
نہ اختیار رہے دِل پر نہ آنکھ پہ قابو

اُدھڑ گئے کئی زخموں کے خُود بخُود ٹانکے
کبھی جو وقت نے اِک زخمِ دِل کیا بھی رفو

بچا سکا نہ مری رُوح کو اندھیروں سے
ٹپک کے آنکھ سے اِس دِل کا بُوند بُوند لہُو

وہ ایک بات کہ کیا جس نے عمر بھر بیتاب
لبوں پہ گیت بھی اور نہ آنکھ میں آنسو

مری نظر سے اُٹھا کر اِک اِک حجابِ نظر
مری نظر میں سما جا اگر ہے تُو ہی تُو

مہک رہا ہے گلستانِ آرزو اے رازؔ
نفس نفس میں کسی گلبدن کی ہے خُوشبُو

دل کی گھٹن میں رہ نہیں جاتا گھٹ کر میں
نغمہ بن کر آجاتا ہوں لب پر میں
آوازوں کی بھیڑ میں کھویا اکثر میں
ڈھونڈتا ہوں اپنی آواز کا محور میں
عنوانِ تحریکِ فضائے عالم ہوں
درد بھری آواز کا اک اُٹھتا پَر میں
پھیل رہا ہوں توڑ کے ساحل امکاں کے
مدہوشی کا ٹھاٹیں مارتا ساگر میں
کرب سمندر کی موجوں کا لئے ہوئے
ساحل پر آئینہ صفت ہوں کنکر میں
حیرت کا اِک مرکز ہوں ساحل ساحل
وقت کے دریا میں اِک تیرتا پتھر میں
ایک مجھی سے پنہاں ہے پہچان مری
ہر یُگ کے دِل والوں کو ہوں ازبر میں
گونج نہ جانے کتنے دلوں کو دے آیا
محفل محفل پیار کے گیت سُنا کر میں
آغاز و انجام کے ڈر کو تج کر راز
آپہنچا ہوں آج کسی کے در پر میں

۵۰

کوئی اِمکانِ دیدِ یار نہیں
پھر بھی بے وجہ انتظار نہیں

وہ سراپا ہیں سامنے لیکن
اپنی آنکھوں پہ اعتبار نہیں

دل میں تل بھر جگہ نہیں ایسی
حسرتوں کا جہاں مزار نہیں

عِشق کے اُس مقام پر ہُوں جہاں
عالِم جبر و اختیار نہیں

اِنکساری فریب ہے اُس کی
جس کا اپنا کوئی وقار نہیں

ہے تغافل بھی اِک اَدائے کرم
کیوں کہوں وہ وفا شعار نہیں

گُل چیدہ ہیں تیری رحمت کے
میرے دَامن میں کوئی خار نہیں

صبر کا پھُول کھِل سکے جس سے
گلشنِ دِل میں وہ بہار نہیں

جمع خاطر نہیں ہے رازؔ ابھی
لاکھ بہلا سا انتشار نہیں

۵۱

وہ ہستی میں غم و راحت کے کیا کیا رنگ بھرتا ہے
جو عالم ہر کلی کے پھول بننے پر گزرتا ہے

ابھی تو سرحدِ معراجِ آدم دور ہے لیکن
ابھی سے کس لئے شیرازۂ دنیا بکھرتا ہے

ہزاروں قلزمِ غم موجزن ہوتے ہیں جب دل میں
مری اِن خشک آنکھوں سے تب اِک آنسو ابھرتا ہے

شبِ غم بھول جاتا ہے یہ کیوں تو اے دلِ ناداں
کہ شبنم ہی سے دُھل کر رنگ پھولوں کا نکھرتا ہے

گُماں تک بھی نہیں ہوتا ہمیں قدموں کی آہٹ کا
نہ جانے رہ گزارِ قلب سے وہ کب گزرتا ہے

یہ کون آنکھوں سے چُھپ کر اپنے نقشِ پا سے منزل تک
مرے دل کی رہِ تاریک کو پُر نور کرتا ہے

کہوں کیا حال تجھ سے تیرے بیمارِ محبت کا
ترے ہجرِ مسلسل میں نہ جیتا ہے نہ مرتا ہے

بتائیں کس طرح ہم اُس غریقِ عیش و مستی کو
شرابِ غم سے کیسے عُمر کا پیمانہ بھرتا ہے

کہیں اے راز ہم کیسے یہ اُس جانِ تغافل سے
قیامت بن کے ہر لمحہ جُدائی کا گزرتا ہے

۵۲

وہ سروِ ناز دکھا کر کرامتیں کیسی
بسا گیا نگہہ و دِل میں حسرتیں کیسی

حیات کٹ گئی تجھ بِن مگر دل و جاں پر
اِک ایک لمحے نے ڈھائیں قیامتیں کیسی

مزاج پرسیِ دل پر ہیں ہر نفَس مجبور
ستمگروں کی ہیں ہم پر عنایتیں کیسی

بشر بشر کی نِگاہوں سے اُٹھ رہا ہے دُھواں
سُلگ رہی ہیں دِلوں میں حقارتیں کیسی

لہو لہو نظر آتے ہیں سب در و دیوار
رقم ہوئی ہیں گھروں پر عبارتیں کیسی

جنہوں نے قتل کیا تھا وہ ہاتھ تھے اپنے
اَب آرہی ہیں لبوں پر شکایتیں کیسی

عطا ہوئے تھے جو خِلعت وہ زیبِ تَن نہ ہوئے
وطن پرستوں نے پائی ہیں قسمتیں کیسی

اَب اپنی آنکھوں پہ ہم کو یقیں نہیں آتا
یہ کُھل رہی ہیں نظر پر حقیقتیں کیسی

سکون ہم نے نہ پایا کسی طرح اے رازؔ
ملی ہیں عِشق میں ہم کو اذیتیں کیسی

۵۳

راحت ملی، سکون ملا، آگہی ملی
وہ کیا ملے کہ ہم کو نئی زندگی ملی

دل کا بجھا چراغ اچانک بھڑک اٹھا
اک چشمِ پُر خلوص میں وہ شعلگی ملی

ساتھ اُن کے زندگی کا سفر اِس طرح کٹا
راہوں میں ہر قدم پہ خوشی ناچتی ملی

جس میں رچا ہوا تھا مرا رنگِ آرزو
اُن کے لبوں پہ گیت کی وہ پنکھڑی ملی

شاید مری نگاہِ پرستش کا سحر تھا
مورت وہ مرمریں سی مجھے بولتی ملی

اک ماہ وش کا نُور رہا رُوح پر محیط
ہر رات زِندگی کی مجھے چاندنی ملی

بدنام عشق میں نہ ہوئے غیر کی طرح
عزت فزا حیات ہمیں عشق کی ملی

دلبستگیِ بزم میں تلوے جھلس گئے
شعلوں پہ رقص کرتی ہمیں زندگی ملی

اک مہرباں نظر کی ادائے لطیف سے
آوارگیِ راز کو شائستگی ملی

حیات ڈھونڈنے نکلے ہو تم ستاروں میں؟
اُتر کے دیکھو زمیں کے سیاہ خاروں میں

کسی کے نغمۂ جاں سوز کے تصوّر سے
اِک ارتعاش ہے سازِ نفس کے تاروں میں

نظر میں پیاس نظاروں میں تشنگی ہر سُو
نہیں وہ جانِ گلستاں ابھی بہاروں میں

نظر سے جام چھلکیں زُلف دوش پر لہرائے
بہار کا سا کوئی رنگ ہو بہاروں میں

مَیں انجمن سے کسی لالہ رُخ کی آ تو گیا
بھٹک رہا ہے ابھی دِل اُنہیں نظاروں میں

جہاں جہاں مرے تلوؤں کے آبلے پھوٹے
وہیں وہیں پہ کھِلے باغ خارزاروں میں

ہوئی نہ جس کی کبھی رازؔ جرأتِ اِظہار
وہ دِل کی بات کوئی کہہ گیا اشاروں میں

ایک شعر

لرز اُٹھتا ہوں اِس ڈر سے کہ ہمسایوں کی ہمدردی
جنوں کا ہاتھ اُٹھنے ہی کہیں قاتل نہ بن جائے

۵۵

اکثر گزرتا ہے یہ گمانِ نظر مجھے
وہ چھپ کے دیکھ لیں نہ کہیں بے خبر مجھے

حُسنِ طلسم خیز نے آغازِ شوق میں
پہنچا دیا ہے راحتِ انجام پر مجھے

آغوشِ مہر و ماہ میں پائی ہے پرورش
پھر بھی ڈرا رہے ہیں یہ برق و شرر مجھے

مٹ جائے دل سے حسرتِ دیدار کا گلہ
اپنی نظر سے دیکھ لیں وہ خود اگر مجھے

جس اوجِ کوہِ فن پہ کوئی دوسرا نہیں
لے آئے ہیں اُڑا کے وہاں بال و پر مجھے

ماہ و نجوم دیتے رہے آسماں سے ساز
اک گیت وہ سناتے رہے رات بھر مجھے

آوازِ حق بلند میں کرتا ہوں رات دن
ناحق ہی لوگ کہتے ہیں آشفتہ سر مجھے

محکم ہے زندگی سے مرا رشتۂ کلام
تحریرِ معتبر پڑھیں اہلِ نظر مجھے

تاریک راہِ زیست میں رازؔ اتفاق سے
صد رشکِ مہر مل گیا اک ہمسفر مجھے

اے بے خبر تلبِ شاعر خامی ۔ ہے تری آگاہی میں
سو چشمۂ آبِ حیواں ہیں میری اک بُوند سیاہی میں

دھوکا ہی نگاہوں نے کھایا ہرگز نہ سکوں دل نے پایا
آیا نہ نظر کچھ پاس ہمیں اس دور کی تیز نگاہی میں

اے غرقِ نشاطِ قُرب بتا، کیا عالم بعد ہے تجھکو پتا
یہ کرب کی موجیں دیکھ ذرا بے آب تڑپتی ماہی میں

مُدّت سے وہ باتیں کرتے ہیں جذبات کے ساتوں رنگوں کی
یہ علم نہیں ابتک جنکو کیا فرق ہے زرد و کاہی میں

ہو کر بھی تباہِ عشق کبھی بربادی کا احساس نہ تھا
تم شاملِ حال ہوئے کب سے اس میرے حالِ تباہی میں

میں عشق کی مشعلِ روشن تھا عکس آئے نظر میرے صدہا
وہ عالمِ آئینہ خانہ تھا ہر گام پہ راہِ تباہی میں

یہ فکر و نظر یہ شمعِ عمل روشن نہ کریں ہستی کو اگر
ہم چلتے پھرتے سائے ہیں زندانِ جہاں کی سیاہی میں

پرواز میں تو بہتر ہے اگر پیدا کر اپنے بال و پر
آتا ہے مجھے کیوں صاف نظر پرواز کی ہر کوتاہی میں

وہ آنکھیں لاکھ جتن سے بھی اک بات نہ دل کی کہہ پائیں
تھی رازؔ غضب کی معذوری اس پرسشِ نیم نگاہی میں

۵۷

امواجِ نفس میں ارماں کے طوفاں کے سِوا دِل کوئی نہیں
بے پایاں قُلزمِ ہستی میں آسودگی ساحِل کوئی نہیں

کہتے ہیں یہ بسمل چشم و دِل تجھ میں ہے چھُپا تیرا قاتِل
حیراں ہوں دیکھ کے آئینہ آنکھوں کے مقابل کوئی نہیں

ہر گام مثالِ مشعل جل، اے رہ روِ شوق تو چلتا چل
اِس راہ گزارِ ہستی میں آرام کی منزل کوئی نہیں

اربابِ فکر و نظر نے کی ہر دَور میں روشن بزم نئی
جُز شعلۂ قطرۂ خونِ دِل ہنگامۂ محفل کوئی نہیں

الزامِ قتل کسے دیجیے سب شامِلِ قتل ہیں بیش و کم
مقتول تو ہیں ہر کوچے میں اور شہر میں قاتِل کوئی نہیں

اِس دن کے لئے ہی کیا رہبر برسوں تھا چلا ہم کو لیکر
منزِل پہ پہنچ کر بھی ہم کو آسائشِ منزل کوئی نہیں

تھا تیرے ستم میں بھی وہ کرم منکر دل بول اُٹھا یکدم
جو اپنی حقیقت منوالے تجھ سا وہ کامِل کوئی نہیں

نا واقف ہے فطرت سے اگر صیّاد ہمیں توصید نہ کر
آزاد طبیعت ہیں ہم سب پابندِ سلاسل کوئی نہیں

وہ گرمِ سخن جب ہوتے ہیں ہر جھوٹ بھی سچ سا لگتا ہے
جُز راز کے اِس خوش فہمی کا محفل میں قائل کوئی نہیں

۵۸

ساقیِ بزمِ وقت سے کہتے ہیں رندِ تشنہ کام
وہ بھی کوئی شراب ہے آ نہ سکے جو تا بہ جام

کچھ تو پیامِ نور دیں راہبرانِ تیز گام
نکلے تلاشِ صبح میں ہو چلی زندگی کی شام

اے مرے باغباں ہے خوب باغ میں تیرا اہتمام
پھولوں کی سیج پر خواص کانٹوں کی نوک پر عوام

شہر بہ شہر، کو بکو خانہ بہ خانہ در بہ در
کیجئے اک نظر جدھر نالہ کناں ہیں طاق و بام

قصرِ ستمگراں کو آج ڈر ہے کہیں نہ پھونک دیں
ظلم کشوں کے سانس سے اٹھتے شرارِ انتقام

کیف چمن ہو ہر نفس لہکیں خوشی سے خار و خس
پھول کھلائے ہر طرف مثلِ صبا نیا نظام

انجم و ماہ و مشتری کیوں نہ سخن کی داد دیں
دل کش و دل نواز ہے بزم میں راز کا کلام

۵۹

اِک دِن تو نشریات کے ہر تبصرے میں تھا
ساتھ اپنے عکس کے مَیں بس حاشیے میں تھا

محدود تھیں وجود میں میرے حدیں تمام
نقطہ صفتِ حیات کے ہر دائرے میں تھا

پُرخار راستوں میں کھلاتا تھا جو گُلاب
وہ خون میرے پاؤں کے ہر آبلے میں تھا

کرتا ہے دل طلب تری آنکھوں سے پھر وہ جام
پی کر جسے وہ شوق سے اَب تک نشے میں تھا

مثلِ غبارِ راہ اُڑی منزلِ مراد
پہلا قدم ہی عشق کے اس مرحلے میں تھا

آنے ہی راستے میں تری بارگاہِ ناز
سَر جھک گیا اَدب سے مرا، گو نشے میں تھا

تجھ سے کبھی نہ آنے کا شکوہ نہیں مگر
میرا غریب خانہ ترے راستے میں تھا

ترکِ تعلقات کا کرتا بھی کیا گلہ
مَیں ہی قصور وار ترے فیصلے میں تھا

وہ لُطف کاوشوں کا کہاں دِل کو اَب نصیب
رازؔ اس نظر کا رنگ جو پہچاننے میں تھا

شعلۂ دِل ہے جولانی میں
آگ نہ لگ جائے پانی میں

ظاہر و باطن کر گیا عُریاں
پَردۂ دِل کھینچا تانی میں

دِل میں بھبھوکا بَن کے رہے گی
بھُول جو کی تن آسانی میں

عمرِ شوق گُزاری جَل کر
مثلِ چراغ رَواں پانی میں

ایسا پیار نِباہیں بَاہم
جو نہ ہو قیدِ تنِ فانی میں

سوچ کے یہ روپٹتا ہوں "وہ"
کر گزرے کیا من مانی میں

موسمِ گُل سے بہتر تھی وہ
موجِ نظر گُل افشانی میں

حدِ زبان و فن میں رہنا
آمدِ شعر کی طغیانی میں

ہستئ رازؔ ہے ایک تلاطم
عشق کے بحرِ لافانی میں

زخموں پہ دل کے چارہ گردں کا دستِ شفا بھرپور ہوا
پھاہا رکھا مرہم کا جس پر زخم وہی ناسور ہوا

رُوح میں پنہاں آگ تھی ایسی ہوتی گئی ہر لمحہ تیز
دِل کا غم کب مَیل کی صورت اَشک سے ڈُھل کر دُور ہوا

جُگ جُگ میں بھی نہیں اُترتا جن آنکھوں کی مَے کا سُرُور
میں اِک جام سے اُن آنکھوں کے تا بہ اَبد مخمُور ہوا

اِک عالم کی آہ بھی تھا وہ صرف مِری فریادِ نہ تھا
پرچمِ وقت پہ میرے لہُو سے جو نعرہ مسطور ہوا

رُت کے بدلنے کا غم کیسا۔ ننگے پَن کا ماتم کیا
ہر موسم کی بارش سے جب تَر رہنا مقدور ہوا

آنکھ کے اندھے کان کے بہرے حاکمِ دوراں جب کہلائے
دِل انصاف طلب کرنے کی زحمت سے مَعذور ہوا

خورشیدِ جمہور کی کرنیں سب پہ دَرخشاں ہیں یکساں
اہلِ وطن! پھر آپس میں مر مٹنا کیوں دستور ہوا

وقتِ مصیبت ہم نے سیکھی اپنے پرائے کی پہچان
پاس نہ پھٹکا کوئی بھی اپنا، تھا جو قریں وہ دُور ہوا

اہلِ نظر نے عرشِ سخن پر راز کی ضو اُس پل دیکھی
ایک ستارے کی صُورت وہ ٹوٹ کے جب مستور ہوا

اے صبا خوشبو یہ لے جا اُس کرن کے بام تک
پھول نغموں کے کہیں مرجھا نہ جائیں شام تک
دِل پہ کھلتا ہی نہیں اِس بیقراری کا سبب
بھول کر لب پر نہیں آتا کسی کا نام کب تک
رات دن رہتے ہو تم جن کے خیالوں سے اُداس
یاد بھی ہوگا نہ اُن کو اب تمہارا نام تک
تھا کبھی ہر ہر نفس جن سے مُلاقاتوں کا شوق
ہے گراں دِل پر اب اُن کا نامہ و پیغام تک
فِتنے جن کے ذکر سے دن رات اُٹھتے تھے کبھی
اب نہیں سُننے میں آتا اُن بُتوں کا نام تک
کامراں ہے عشقِ صادق دیکھ اے باطلِ جہاں
بن گئے اعزاز کا باعث ترے اِلزام تک
ساقیا کھلنے دیا کب میں نے رازِ تشنگی
میرے ہونٹوں سے رہا پیوست خالی جام تک

اے موجِ بحرِ غم یہ بتا دے میں کدھر ہوں
دلِ کے صدف میں بند میں نایاب گہر ہوں

شاخوں پہ جس کی کھلتے ہیں آتش کے شگوفے
میں باغِ زندگی میں وہ شعلوں کا شجر ہوں

کیوں مجھ پہ سنگ راہ میں اٹھاتی ہے یہ دنیا
دنیا کی طرح میں بھی تو شیشے ہی کا گھر ہوں

ظلمات میں جو روح کی کرتا ہے چراغاں
آواز میں پنہاں میں وہی برق و شرر ہوں

دیکھا نہ اک نظر بھی جسے اہلِ نظر نے
بے قدر بزمِ شعر میں وہ شمع سحر ہوں

جس راہ کی ہیں گرد، مہ و مہر شب و روز
اس راہ سے بھی دور میں سرگرمِ سفر ہوں

جس غم کی شرح لفظ و بیاں سے نہ ہوئی راز
اس غم سے میں شکستہ دل و خاک بسر ہوں

یقیناً نور کا ہر سُو گماں ہے
کہیں ہم روشنی جسکو کہاں ہے
نہ اُترا فرض اگر کچھ آب و گِل کا
چمن میں سانس لینا رائیگاں ہے
عبارت ہوں میں فردا کی جبیں کی
جو چشمِ حال سے ابتک نہاں ہے
ہمارے دِل سے تم جب آؤ کھیلو
ہمارا دل بہرِ عالم جواں ہے
ہر اک ٹوٹا ہوا دِل جوڑ دے گی
زبانِ میری محبّت کی زباں ہے
ترے قدموں پہ ہوں میں سر بہ سجدہ
مرے زیرِ قدم اک آسماں ہے
تری ہنسی سے گلشن کیوں نہ مہکے
معطّرِ موجہ بادِ رواں ہے
کچھ ایسے گُل کِھلائے غم نے اے رازؔ
خزاں میں بھی بہاروں کا سماں ہے

۶۵

اب ذہن پہ کھلنے لگے وہ گیسوئے لمحات
دن میں بھی مسلسل نظر آنے لگی ہے رات

دیکھو چمنِ زیست کی گل رنگ فضا میں
وہ اڑنے لگے موت کا صحرا لئے ذرات

پل بھر میں پگھلنے لگے معصوم نفس کش
آندھی کی طرح چھانے لگی آتشِ ذرات

شادابیٔ تہذیب و تمدن کو کئے جذب
وہ اٹھنے لگے ارض سے پُرہول بخارات

پہنے ہوئے ہیں راکھ کا پیراہنِ غمناک
جاندار کے ماتم میں جمادات و نباتات

دیتی ہے یہ خاکسترِ یک آتشِ مستور
ہر مسکنِ ویراں سے مکینوں کے نشانات

جب بھڑکے گی پہنائیٔ عالم میں یہ آتش
ہو جائیں گی تبدیل شکستوں میں فتوحات

کیا سرمۂ عبرت بھی بنے گی کبھی اڑ کر
ایٹم کی اٹھی آگ سے یہ خاکِ مقامات

آہ اُن کو دیکھتے ہی لبوں سے گزر گئی
برسوں چھپا جو راز تھا وہ فاش کر گئی

میں بے خودی سے ہوش میں آیا ہی تھا ابھی
وہ چشمِ مست پھر مجھے مدہوش کر گئی

دیکھو تو گل فشانیِ موجِ خرام ناز
دامن مری نگاہ کا پھولوں سے بھر گئی

چھپ چھپ کے اب رہو گے کہاں تم مری نظر
اِک اِک حجابِ ارض و سما سے گزر گئی

وہ بُت بنا دیا مجھے غم نے تراش کر
اِک لمحہ جس کی دید کو دُنیا ٹھہر گئی

آئی تو تھی قضا مرے دَر کے بہت قریب
دستک دیئے بغیر نہ جانے کدھر گئی

ملتی نہیں شعاعِ مہ و مہر بھی وہاں
جس جا تری تلاش میں میری نظر گئی

بادل سے اشک و آہ کے آنے لگے نظر
وہ مضطرب نگاہ جدھر بھی بکھر گئی

ہر ہر نفس تھا راز کا جس سے دُھواں دُھواں
تیرا کرم ہوس کی وہ آندھی اُتر گئی

۶۷

میرے احساس کے کھلتے ہوئے گلشن میں نہاں
ایک خطّہ ہے نئی فکر کے خار و گُل کا

خار وہ جنکی خلش پھول وہ جنکی خوشبو
منتشر کر نہیں پائی ابھی شہرت کی ہوا

خار وہ جن کی خلش اٹھتی ہے دل میں اکثر
خار وہ جن سے بپا ہوتا ہے اک عالمِ ہُو

خار وہ جن کی جراحت سے نہیں تھمتا لہو
خار وہ زخم کبھی جن کے نہیں ہوتے رفو

گُل وہ جاتی ہی نہیں جن سے وفا کی خوشبو
گُل وہ دیتا ہے جنھیں چشمۂ احساس نمو

گُل وہ بر تر ہے نشہ جنکا زِ صہبائے سبو
گُل وہی جن سے مچلتا ہے رگِ جاں میں لہو

خونِ دل سے اُگے افکار کے خار و گُل میں
خلش خار بھی ہے گُل کی لطافت بھی ہے

قلزمِ زہر کو امرت کی بناتی ہے جو بوند
معجزہ خیز وہ تاثیرِ محبّت بھی ہے

ضبطِ غم سے جاں پہ بن آئی ، کیسے آواز دوں
لب کشائی میں ہے رسوائی ، کیسے آواز دوں
آشناؤں میں نہیں اب کوئی میرا غم گسار
گرد ہیں میرے تماشائی ، کیسے آواز دوں
جان و دل پر ہے مسلط اَن کہی باتوں کا بوجھ
چھن چکی ہے تابِ گویائی ، کیسے آواز دوں
جس طرف دیکھو اُدھر ہے عقل والوں کا ہجوم
اور دلِ تنہا ہے سودائی ، کیسے آواز دوں
نور افشاں تھی جو کل تک بزمِ فکر و ہوش میں
اب کہاں وہ برقِ بینائی ، کیسے آواز دوں
سامنے آنکھوں کے کیا کیا پھر رہی ہیں صورتیں
"کس سے ہے میری شناسائی ، کیسے آواز دوں"
چشم و دل میں اب کسی کے قرب کی ٹھنڈک کہاں
جاں گزا ہے سوزِ تنہائی ، کیسے آواز دوں
اُٹھ رہا ہے حشر سا آئینۂ احساس میں
لے رہا ہے کون انگڑائی ، کیسے آواز دوں
اِک رِدا تھی جسم پر وہ بھی اُڑا کر لے گئی
بادِ عالم کی توانائی ، کیسے آواز دوں

جس میں بستے ہیں ابھی میرے شفیق و قدرداں
دُور ہے وہ شہرِ آبائی ، کیسے آواز دُوں
ہر طرف بھڑ کا رہی ہے سخت نادانی کی آگ
چند کم بینوں کی دانائی ، کیسے آواز دُوں
زخمِ دل پر مَل گئی تیزاب مرہم کی جگہ
چارہ گر کی لُطف فرمائی ، کیسے آواز دُوں
چلتے چلتے پڑ گئے ہیں کتنے چھالے پاؤں میں
اور ابھی منزل نہیں آئی ۔ کیسے آواز دُوں
اس چمن میں رازؔ اب میری زباں سمجھے گا کون
میں ہوں موجِ بادِ صحرائی ، کیسے آواز دُوں

قطعہ

تیری معصوم نگاہوں کی یہ زرکار ہنسی
ہر گھڑی مجھکو محبت کا سُناتی ہے پیام
جی میں آتا ہے نگاہوں سے تری پُوچھ ہی لُوں
اپنی اُلفت کا مآل اپنی وفا کا انجام

۷۰

تو ساز چھیڑ فضا سازگارِ نغمہ ہے
زمیں سے تا بہ فلک اِنتظارِ نغمہ ہے

بلندیوں سے پگھلتی ہے جبیں ذقت کی برف
مرے شعور میں وہ آبشارِ نغمہ ہے

اُبلنے لگتے ہیں خود دل سے شعر کے چشمے
ہم اہلِ غم کو کہاں اِختیارِ نغمہ ہے

کھلا رہی ہے گُلِ نغمہ اِک بہار کی یاد
دلِ شگفتہ مرا لالہ زارِ نغمہ ہے

سُلگتا رہتا ہے دل میں جو مُدّتوں خاموش
مری نوا میں نہاں وہ شرارِ نغمہ ہے

دِلوں کے کھِل اُٹھے غنچے چمک اُٹھے چہرے
ترا سخن ہے کہ موجِ بہارِ نغمہ ہے

بھڑک اُٹھی تھی جو اُن کی ہوائے قربت سے
وہ دِل کی آگ لبوں پر شرارِ نغمہ ہے

بہ ناز اِس سے گزر روز و شب کے گیت چھڑیں
یہ دل نہیں ہے تری رہ گزارِ نغمہ ہے

بُجھا نہ پائے گی ہرگز اجل کی پھونک اُسے
زبانِ شمعِ قلم شعلہ بارِ نغمہ ہے

۱۷

گزرتے جائیں ماہ و سال غم ہو گا نہ کم میرا
ازل سے ہے ابد تک قصۂ شامِ الم میرا

مرے مٹنے پہ بھی ہو گا نہ سوزِ عشق کم میرا
رُلائے گا دلوں کو نغمۂ سازِ الم میرا

دلِ غمگیں پہ گزرے وقت کا احسان کیا کم ہے
کسی کا غم تھا پہلے اب ہے عالم گیر غم میرا

نہ دھو پائے گی اُن الفاظ کو کوئی بھی طغیانی
جو لوحِ وقت پر لکھ جائے گا خوں سے قلم میرا

اِن اشکوں سے شعاعیں کیوں نہ نکلیں جاوداں غم کی
درخشاں دل میں مثلِ مہر ہے داغِ الم میرا

ترے دستِ کرم کی رحمتوں کا کیا ٹھکانہ ہے
اُٹھا لیتا ہے میرے سر سے جو بارِ الم میرا

یہ شورِ برق و باراں کیا یہ زورِ موجِ طوفاں کیا
وفا کی راہ میں بڑھتا ہی جائے گا قدم میرا

کسی کی یاد نے رعنائیاں بخشی ہیں اشکوں کو
بہ فیضِ عاشقی رشکِ مسرت ہے الم میرا

محبت نے عطا کی ضبط کو شائستگی اتنی
جنوں میں بھی ہوا ظاہر نہ اُن پہ رازِ غم میرا

ہر طرف خوب مچی وقت کے انصاف کی دھوم
کل جو حاکم تھے وہی آج بنے ہیں محکوم

قصرِ انصاف گرانے پہ بضد تھے جو لوگ
اب نہ بھولیں گے کبھی عدل کے آداب و رسوم

چھانتے پھرتے ہیں وہ خاک گلی کوچوں کی
جو وزیری ہی سمجھ بیٹھے تھے اپنا مقسوم

خنجرِ ظلم تھے سینوں میں گلوں کے پیوست
آہِ مظلوم سے گلشن کی فضا تھی مغموم

دشمنِ ملک تھے مدہوش طرب گاہوں میں
جاں نثارانِ وطن کے تھے قفس ہی میں ہجوم

گرم تھا معرکۂ دار و رسن چار طرف
بارِ انفاس کشی ہوتی تھی ہستی معلوم

ظلم وہ ظلم کہ انسان تھے لاشوں کی طرح
شکوہ کرنے کو ترستی تھی حیاتِ مظلوم

زیست انساں کی نظر آتی تھی عکسِ خاموش
بستیاں ہوتی تھیں اک شہرِ خموشاں معلوم

متحد ہو کے بڑھے ملک کے بیدار عوام
قوتِ حق سے ہوئی ظلم کی ہستی معدوم

زعمِ طاقت میں نہ بھولیں یہ سیاست والے
قہر بن سکتے ہیں اک روز عوامِ مظلوم

شانِ جمہور کا ہر آن نگہبان رہے
وطنِ راز کبھی ہو نہ کسی کا محکوم

۷۳

حوصلے کی ملے کچھ داد، اے اربابِ نظر
ہم نے باندھے ہیں نئی فکر کے جلتے ہوئے پر

باغِ ہستی سے گزر جا کوئی نکہت بن کر
زندگی نیک عمل سے بنا خوشبو کا سفر

لذّتِ خواب سے ہو جائیں نہ محروم کہیں
راہ تک تک کے ہوئیں پھول سی آنکھیں پتھر

اپنے جذبات کی گرمی سے مجھے پگھلا دے
سنگریزے ہیں مرے تن پہ ترے لعل و گہر

کبھی شاخوں کو ترستا ہوں کبھی پتّوں کو
اے تمنّاؤں کے موسم ستم اتنا تو نہ کر

ہم سے پیش آؤ محبّت کی زباں سے ورنہ
دل نہیں جیت سکو گے بہ زبانِ خنجر

اپنے احساسِ نمو سے اسے تازہ رکھنا
سوکھ جائے نہ مرے بعد روایت کا شجر

آنکھ والے بھی مجھے دیر سے پہچان سکے
رنگ ایسا مَلا احباب نے میرے رُخ پر

ڈھانپ دی لاش مری چادرِ گمنامی نے
ورنہ کچھ دیر تو روتے مجھے کچھ اہلِ نظر

نظروں نے کبھی دِل میں اُتر کر نہیں دیکھا
فِطرت کے صد اسرار کا منظر نہیں دیکھا

تعمیر کئے ہم نے نئے میل کے پتھر
خُود ساختہ راہوں کو کبھی مُڑ کر نہیں دیکھا

سانسوں نے مہک دُور سے محسوس کی لیکن
آنکھوں نے قریں سے وہ گُلِ تر نہیں دیکھا

کہنے کو تو ہم رِند ہیں لیکن کبھی ساقی
میخانہ بیک گردشِ ساغر نہیں دیکھا

اِک اِک نئے انداز پہ سو جان سے صدقے
انداز ترا کوئی مکرر نہیں دیکھا

اللہ رے اُس شخص کی یہ اَوجِ نگاہی
اپنے سے کسی شخص کو کمتر نہیں دیکھا

اللہ رے تصور کی مرے شعبدہ بازی
پَل بھر کبھی دیکھا اُنہیں پَل بھر نہیں دیکھا

گو خاک کی چادر پہ منا[illegible] گئی دیکھے
سائے کا مکمل کوئی پیکر نہیں دیکھا

ہر دھوپ کا اُس وقت ہی احساس ہوا ہے
جب سایہ تری زُلف کا سر پر نہیں دیکھا

۷۵

گو دہر کا ہر منظرِ غم دیکھ چکے ہم
اپنے غمِ دل سا کوئی منظر نہیں دیکھا

گردش بھی دوٗرِ عالم کی تمہیں ہیچ لگے گی
تم نے ابھی اس پاؤں کا چکر نہیں دیکھا

چھو لی ہے بلندی کئی آفاق کی لیکن
قد اپنا کبھی تیرے برابر نہیں دیکھا

فطرت مجھے اڑنے کی ملی روزِ ازل سے
ثابت مگر اک پر بھی بدن پر نہیں دیکھا

کس زعم میں شہرت کی شکھر پہ ہو خراماں
کیا کوہ سے لڑھکا ہوا پتھر نہیں دیکھا

شہرت کی مہک جس سے زمانے میں بکھرتی
اُس ساعتِ گل رنگ کا منظر نہیں دیکھا

اربابِ نظر کہتے ہیں وہ رازؔ کا گھر ہے
شہرت کا دیا جس میں اُجاگر نہیں دیکھا

قطعہ

راہِ شعر و سخن میں صبح و شام
ہم نے دیکھی وہ گردشِ ایام
رخ سے دھونے میں گردِ گمنامی
بارشِ وقت بھی رہی ناکام

کارگر دستِ جفا کار رہے گا کب تک
گرم یہ ظلم کا بازار رہے گا کب تک
آہ و فریاد سے اک حشر بپا ہے ہر سمت
خونفشاں خنجرِ زر دار رہے گا کب تک
خاکِ مقتل کے سلگتے ہوئے ہر ذرے میں
خونِ مظلوم شرربار رہے گا کب تک

عصرِ آزادی دجمہور میں حق گو انساں
نعرۂ حق سے سرِ دار رہے گا کب تک
قلبِ زر دار میں سرکوبیِ مفلس کے لئے
طیش کا لشکرِ جرار رہے گا کب تک
نئی تہذیب پہ چھایا ہوا زر دار نظام
خونِ مفلس کا خریدار رہے گا کب تک
سنگِ خارا کی طرح اہلِ سیاست کا وجود
حائلِ جادۂ فنکار رہے گا کب تک
زورِ شمشیر سے کرنے کو زمیں کے ٹکڑے
آدمی برسرِ پیکار رہے گا کب تک
طاقت و زر کے خداؤں کے جہاں میں انساں
دیکھنا یہ ہے کہ خود دار رہے گا کب تک
ہو کے بیباک ہر اک رازِ حقیقت کہہ دے
دامِ باطل میں گرفتار رہے گا کب تک
جس نے الٹی ہے ابھی چہرۂ ماضی سے نقاب
دل میں وہ جذبۂ بیدار رہے گا کب تک

میں نہیں شاعری کا خالی جام
مجھ میں لبریز ہے شرابِ دوام
آنکھ کھلتے ہی کان میں گونجا
جوشؔ و اقبالؔ اور جگرؔ کا نام
کم سِنی میں ہی ہوگیا ازبر
بیشتر غالبؔ و ظفرؔ کا کلام
داغؔ و غالبؔ کی سرزمیں دلی
میری تعلیم و تربیت کا مقام
قلب کو چھو گئی نوائے فراقؔ
روح پر شعر کا ہوا الہام
رقص کرنے لگی سحر دل پر
گنگنانے لگی لبوں پر شام
بادۂ حُسنِ روح پرور نے
قطرہ قطرہ بھرا غزل کا جام
نورِ اصلاح پیر و مرشد سے
جگمگا اُٹھی میری روحِ کلام

۷۸

ابتداً میں جناب اُلفتؔ سے
استفادہ کیا کہ ذوقِ تمام
عشق ناکام میں، تمام ہوئے
اشک افشاں شباب کے ایّام
چشم و دل میں مرے یہیں مہکے
یاسمن پوش مرمریں اصنام
آرزوں کو کر گئی بدمست
گُلِ تازہ کی نکہتِ اجسام
آشنائے ادائے غمزہ و ناز
کر گئے دل کو شوخ گُل اندام
شہرِ دلی میں وقفِ عشق ہوا
میرا عہدِ شباب حُسن کے نام
یہیں کھولی مری غزل نے آنکھ
یہیں جاری ہوا لبوں سے کلام
آگہی جنابِ انورؔ نے
دور کی دِل سے ظلمتِ اوہام
اکثر اوقات قربِ شارؔب نے
لُطفِ مخصوص سے نوازا عام
دولتِ دہر کا نہیں محتاج
زر کا خواہاں نہ طالبِ انعام

مضطرؔ - میرے محترم استاد جناب رام کرشن مضطرؔ (مرحوم)
ایم ۔ اے ۔ فارسی ۔

اُلفت - جناب ٹھاکرداس اُلفت ایمن آبادی -
'روزانہ تیج دہلی -
انور - جناب ڈاکٹر منوہر سہائے انور پروفیسر
دیال سنگھ کالج ایم۔اے۔ایم۔او۔ ایل
پی ایچ ڈی - (مرحوم)
شارب - جناب ڈاکٹر شارب ردولوی - ایم۔اے
پی ایچ ڈی - دیال سنگھ کالج -

اپنی دلّی میں ہُوں ابھی گمُنام
سحرِ زیست ہو چلی ہے شام

ہائے وہ گھر وہ طاق وہ دَر و بام
شمع بن کر جلوں کہاں سرِ شام

مجھ تک آیا کبھی نہ دَورِ جام
کاٹ دی میکدے میں عمرِ تمام

تشنگی کا عجیب ہے یہ مقام
رہ کے دریا میں بھی ہوں تشنہ مدام

غرقِ فکرِ سخن رہا اِک عمر
شام سے صبح، صبح سے تا شام

میں اِک آوارہ طائرِ نغمہ
کوئی بندش نہ فکرِ دانہ و دام

۸۰

آرزو کی نہ منصب و زر کی
شعر کہتا رہا میں صبح و شام
دسترس سے مری تھے بالاتر
قصرِ شعر و ادب کے سب در و بام
سُننے والے نہیں ہیں مدّت سے
خود کو اپنا سُنا رہوں کلام
میکدے میں سخن نوازوں کے
میرے لب تک کبھی نہ آیا جام
شاعرِ قوم تو نہیں، مت ڈھونڈ
مشتہر شاعروں میں اپنا نام
بزمِ شعر و ادب کے آقا ہیں
فرقہ وارانہ ذہنیت کے غلام
قدر دانِ سخن نہ ہوں جس میں
دور سے ایسی انجمن کو سلام
چشمِ بیدار کا مری اِک خواب
جشنِ جمہور کی غزلخواں شام
حد تکلف کی ہو چکی رندو
بڑھ کے ساقی کے ہاتھ سے لو جام
اِک مری مشتِ خاک میں پنہاں
کتنی صدیوں کی گردشِ ایام

غم نہ بھولے عیشِ ہستی میں بھی سوزِ جاں کے ہم
آج بھی خواہاں ہیں دردِ روح کے درماں کے ہم
کفر کے قابل نہیں شایانِ شان ایماں کے ہم
دیکھئے مارے ہیں کس مجبوریِ دوراں کے ہم
اجنبیت کے دھندلکے میں پکار اٹھتا ہے دل
رینگتے سائے ہیں کس دنیائے بے عنواں کے ہم
وقت ہے محفوظ کر لو اپنے گھر کا ہر چراغ
اولیں جھونکے ہیں اک امڈے ہوئے طوفاں کے ہم
ہدیۂ اہلِ نظر کیسے عطا ہم کو نہ ہو
عکسِ حیرت خیز ہیں آئینۂ حیراں کے ہم
اپنے دامن میں ہمیں محفوظ رکھنا اہلِ دل
اشکِ عبرتناک ہیں اک دیدۂ گریاں کے ہم
ہر نفس میں سینکڑوں ہیں آرزوئیں بیقرار
دائمی طوفاں ہیں بحرِ شوقِ بے پایاں کے ہم
ہائے کیوں کم ہو گئی شادابیٔ کشتِ سخن
ابرِ آخر تو نہیں تھے موسمِ باراں کے ہم
برگ پر اپنے نہ جمنے دیں گے ہم گردِ کثیف

۸۲

اپنے دین و نسل کا اے کم نظر رونا نہ رو
درد مندانِ الم ہیں آج ہر انساں کے ہم
پستیِ کردارِ انساں کے گڑے ناقد سبھی
دل سے لیکن معترف ہیں عظمتِ انساں کے ہم
قتل گاہوں میں جو جرأت آزما سمجھی گئی
راز تھے خلّاق اس بے باکیِ بالحاں کے ہم
روح متحرک ہوا کرتی ہے جن کو دیکھ کر
ہیں مصوّر ان تصاویرِ حریمِ جاں کے ہم
آج تک اُلجھے ہوئے ہیں راز کیوں اہلِ نظر
کیا کوئی پُر پیچ خم تھے کاکُلِ دوراں کے ہم

قطعہ

یوں نہ ہنس ہنس کے دِلا اپنی محبّت کا یقیں
میں تری شوخ اداؤں کا طلب گار نہیں
میں ہوں فنکار تری رُوح سے اُلفت ہے مجھے
میں ترے عارض و گیسو کا خریدار نہیں

۸۳

وقت کے گنبد میں اِک عمر جو گونجا تھا
میں وہ گزشتہ عہد کے دِل کا نغمہ تھا

دُکھی دِلوں کو جس سے ملتی تھی راحت
فطرت کے ہونٹوں پر میں وہ نغمہ تھا

جوشِ تجسس مجھے لے آیا منزل تک
لاکھ روایت کی زنجیر میں جکڑا تھا

دائمی آبِ شیریں کا تالاب لئے
میں ساگر کی گود میں ایک جزیرہ تھا

میری آبی فکر میں ذہن نہاتے تھے
میں لافانی وقت کا بہتا دریا تھا

پت جھڑ کی پازیب کے گھنگرو گھنگرو کو
ناچ نچانے والا میں اِک جھونکا تھا

بڑھا گیا جو پیاس مرے قلب وجاں کی
وہ اُڑتے بادل کا چلتا سایا تھا

۸۴

چین ہمارے دِلوں کا چھینا تھا جس نے
عشق نہیں تھا وہ تو عشق کا سپنا تھا

ساتھ مرے بہنے کی کوشش میں کوئی
ان تھک شوق سے زیست کی کشتی کھیتا تھا

عالم عالم جوشِ نمو کا مظہر میں
بادل تھا، دریا تھا اوس کا قطرہ تھا

آنکھوں پر چھائے ہوئے بادل سے برسوں
قطرہ قطرہ رُک رُک کر مینہ برسا تھا

جو ڈھلتا تھا صرف کسی کے اشکوں سے
میرے تن پر درد کا ایسا جامہ تھا

میرے اِک اک شعر سے اشک رواں ہیں رازؔ
کس ساعت میں سازِ غزل کا چھیڑا تھا

کیا سے کیا ہو گئی میخانے کی حالت ساقی
ساغرِ مے سے ٹپکنے لگی حسرت ساقی

بادہ و جام کہاں کیف کا اب نام کہاں
مظہرِ یاس ہے ہر رند کی صورت ساقی

دیکھ کر بادہ کشوں کے بجھے چہرے سرِ شام
دیدہ و دل پہ گزرتی ہے قیامت ساقی

احترامِ مے و مینا ہے نہ پاسِ رندی
میکدہ دیکھ کے ہوتی ہے خجالت ساقی

گل کھلائے گی ابھی اور نہ جانے کیا کیا
میگساروں کی بدلتی ہوئی نیت ساقی

آنچ آنے نہیں دیتی تھی جو میخانے پر
کیا ہوئی بادہ گساروں کی وہ غیرت ساقی

اٹھ گئی آج نہ جانے کہاں میخانے سے
تیری آنکھوں سے برستی تھی جو رحمت ساقی

مے اگر پاس نہیں ایک تہی جام سہی
کسی عنواں تو بہل جائے طبیعت ساقی

تشنہ لب وعدۂ فردا پہ جئیں گے کب تک
اب ستم سہنے کی باقی نہیں ہمت ساقی

تُو پشیمان نہ ہو دیکھ کے چشمِ رنداں
چشمِ رنداں میں نہیں تجھ سے شکایت ساقی

کس جگہ لے نہ گئے جام تہی بادہ گسار
کس کے در تک نہیں پہنچی تری شہرت ساقی

تشنہ لب آج ترے گرد ہیں گھیرا ڈالے
اب تو آنکھوں سے اٹھا پردۂ غفلت ساقی

رنگِ میخانہ بدل، جام بدل ۔ بادہ بدل
حکمتِ نَو سے بدل راز کی قسمت ساقی

سلسلہ ٹوٹنے پائے نہ مے و ساغر کا
ہے نئے اوج پہ رندوں کی طبیعت ساقی

سوئے میخانہ بڑھے رند اٹھائے ساغر
تیری رحمت تیری بخشش ہو سلامت ساقی

تیرا اندازِ کرم جان سے بڑھ کر ہے عزیز
راز کو تجھ سے ہے کس درجہ محبت ساقی

ستم کی آگ سے دہکا ہوا ہے سب گلزار
بضد ہیں وہ کہ کہیں ہم اسی کو فصلِ بہار

وہ شعلگی ہے فضاؤں میں عصرِ حاضر کی
نگاہ و دل ہی نہیں روح بھی ہے آتش بار

دلوں کو پیاس ملی اُن سے تپتے صحرا کی
چمن میں کل جو اٹھے تھے بہ شکلِ ابرِ بہار

نجات مل گئی دردِ حیات سے کیا خوب
مسیحِ وقت کے درماں سے مر گئے بیمار

کہیں نہ جائے اماں ہے نہ چین کی صورت
یہ کس نے چھین لیا آج گلستاں کا قرار

وہ باغباں ہی نگہباں ہے آج گلشن کا
بہار لوٹ لی جس نے دکھا کے خوابِ بہار.

ابھی سے کیوں ہو پریشاں شکستہ حالی پر
ہمارے تن پہ ہے باقی ابھی لباسِ غبار

کرو گلوں کو منظم نئے قرینے سے
اس انتشارِ چمن سے ہیں چشم و دل بیزار

اس انتشارِ گل و رنگ کا سبب تو نہیں
محافظانِ گلستاں کا مضمحل کردار

فغاں کہ کہتی ہے ظلمت کو آج نور ہی نور
یہ منکرانِ حقیقت کی جراتِ انکار

نہیں ہے صرف مری چیخ میرے کانوں میں
میں سن رہا ہوں کروڑوں بلاکشوں کی پکار

بدل گئے ہیں ستمگر مگر یہ دیدہ و دل
نئے ستم کی نئی تیغ سے ہیں پھر خونبار

شعر

نشۂ بادۂ سخن میں خوب
زیست کو ہم نے بے نقاب کیا

جو سرِ قافلہ کل تک تھے خضر کی صورت
راہ میں آج ہیں وہ گردِ سفر کی صورت

ہر نفس جلتے ہیں سینے میں ابھی داغِ جگر
آتشِ غم سے نہیں کوئی مفر کی صورت

کشتیٔ قوم کے ماحول نے پیدا کر دی
لبِ ساحل ہی تلاطم کے خطر کی صورت

بے یقیں قوم کی بیمار سی آنکھوں کو کہیں
نظر آتی ہے نہ عیسیٰ نہ خضر کی صورت

منجمد سے بدنِ قوم میں آواز سے تو
روح نو پھونک دے بیدار بشر کی صورت

روح بیدار اگر ہو تو نکل آتی ہے
غم کے ماحول میں ہر غم سے مفر کی صورت

حوصلہ رکھ کہ خود آجائیگی منزل کھنچ کر
برق رفتار ہے تو رخشِ سفر کی صورت

اُن کے آتے ہی وہ بدلا در و دیوار کا رنگ
ہم نہ پہچان سکے اپنے ہی گھر کی صورت

رات بھر رنگ بھرا ہم نے ترے جلووں میں
اب تو بجھنے دے ہمیں شمعِ سحر کی صورت

چھپ گئے مجھ سے بہت دور نہ جانے وہ کہاں
جو مرے پاس رہے شمس و قمر کی صورت

جذبۂ عشق مکمل کا کرشمہ ہے یہ راز
شعلے دینے لگے راحتِ گلِ تر کی صورت

ہر لفظ سے رشتے کی کٹی جاتی ہے زنجیر
یہ طرزِ نگارش ہے کہ چلتی ہوئی شمشیر

دِل طِفل کی مانند ہے مچلا ہوا اَب تک
اُس شوخ نے بھیجی ہے نہ تصویر نہ تحریر

اُس در پہ پہنچیے تو نہیں دید کی صورت
گھر رہیئے تو اُس شوخ کی تڑپاتی ہے تصویر

زِنداں سے نِکل کر بھی ہے یہ عالمِ زنداں
ہر سمت نظر آتی ہے زنجیر ہی زنجیر

رہ جاتی ہے ہر بار خلشِ دید و سخن کی
آنکھوں سے گزر جاتی ہے پل بھر میں وہ تصویر

چمکے اُفقِ ذہن سے جو شمس کی صورت
میں ڈھونڈ رہا ہوں وہ ابھی لمحۂ تنویر

زندانیِ احساس کی اِک جُنبشِ لب سے
گردوں پہ ستاروں کی کھنک جاتی ہے زنجیر

چھٹ جائے گا روکے گا اگر ابرِ تعصّب
آفاقِ ادب کے مہ و خورشید کی تنویر

اَلفاظ میں تاباں ہیں تجسس کے مہ و مہر
ہے جلوۂ انوارِ پُر افشاں مری تحریر

بُنتا ہوں نئے خواب اِس اُمید پہ دن رات
اِک روز تو سچ ہو گی کسی خواب کی تعبیر

پگھلا ہوا سورج ہے مری رُوح میں اے رازؔ
جاں سوز ہے بہتے ہوئے نغمات کی تنویر

جن کو نہیں تھا عشق کا کچھ اعتبار تک
وہ آ گئے ہیں جذبۂ بے اختیار تک

اِک عارضی خوشی کے لئے میری زیست نے
بیچا ہے تن کا پیرہن تار تار تک

گائیں گی کس خوشی سے وداعِ خزاں کا گیت
آنکھیں اگر کھلی رہیں جشنِ بہار تک

اک رات جان پر بنی ایسی کہ اُن کے نقش
ہم نے مٹائے گھر سے سرِ رہ گزار تک

یارب زبان بخش کہ کرتا رہوں بیاں
ہر لطفِ روحِ زندگیٔ مستعار تک

دیکھا نہ تھا کبھی تیرے اشکوں میں یہ اثر
روتا ہے پھوٹ پھوٹ کے ہر غمگسار تک

گزرے گماں کی شکل بھی، دل سے نہ اب خزاں
ہم آ گئے ہیں حدِ یقینِ بہار تک

اِک موج تھے کھلا گئے گلہائے رنگا رنگ
ہم باغِ زندگی میں رہِ خارزار تک

میں سہہ چکا ہوں اتنے کڑے موسموں کی دھوپ
شاید ہرا نہ کر سکے ابرِ بہار تک

اِک ٹھیس بھی انا کو نہ لگنے دی راز نے
پہنچا اس احتیاط سے اُنکے دربار تک

اِس انجمن میں ہر اِک کا ہر اِک سے پردا ہے
کسی کو علم نہیں کون کس پہ شیدا ہے

کچھ اُس کے حُسن سے کچھ اہلِ دل کی نظروں سے
حریمِ ناز میں محشر سا ایک برپا ہے

کبھی اُڑائی تھی میرے جنوں کے دامن نے
وہ خاک جس سے جہاں میں وجودِ صحرا ہے

یہ آرزو ہے کہ میرا نصیب بن جائے
وہ آفتاب جو کرنوں میں روز بٹتا ہے

ہزار عکس دکھاتا ہے ذاتِ واحد کے
یہ دِل کا آئینہ کس زاویئے پہ رکھا ہے

نہ ٹوٹا ترکِ تعلق کے بعد بھی یہ ربط
کسی کو دیکھ کے دل آج بھی دھڑکتا ہے

حریمِ جاں میں اندھیرا ابھی یہ کیا کم ہے
کوئی چراغ ابھی طاقِ دِل میں جلتا ہے

کبھی غزل کا مری آئینہ اُٹھا کر دیکھ
ترا جمال سراپا ہی جلوہ آرا ہے

دیا تھا زخم جو کانٹوں نے بھر گیا اے رازؔ
مگر جو پھول سے دِل پر لگا وہ تازہ ہے

۹۳

ہر قدم پر مرے اِک خنجرِ عُریاں نِکلا
پھر بھی میں کوچۂ قاتل سے غزلخواں نکلا

کر گئی مجھ پہ وہ اعجاز تری ایک نظر
جو بھی نِکلا مرے نزدیک سے حیراں نِکلا

میری فطرت میں کچھ ایسی نہاں وہ بہارِ دائم
میں بہر رنگ بہ شکلِ گُلِ خنداں نِکلا

وہ بدلتا رہا ہر بات کے اتنے پہلو
مُدّعا کوئی بھی ہرگز نہ نُمایاں نِکلا

آہ اس طور گُلستاں میں لُٹی فصلِ بہار
چشمِ گریاں سے مری خونِ بہاراں نِکلا

جانے کس غم نے وہ تحریکِ مسرت بخشی
دلِ غمگیں سے مرے نغمۂ شاداں نِکلا

حرم و دیر کی ہر قید سے مُطلق آزاد
مجھ سا کافر ہی کوئی صاحبِ ایماں نِکلا

آپ پر ہو چکا سو جان سے قرباں لیکن
آپ پر مٹنے کا اِس دل سے نہ ارماں نِکلا

حوصلہ ہو تو مرا اور تعاقب کر لے
تجھ سے میں تیز قدم گردشِ دوراں نِکلا

ایک ہی جھونکے نے گُل کر دیئے سب گھر کے چراغ
اِس قدر تُند اِدھر سے کوئی طوفاں نِکلا

سُخنِ رازؔ کی دی داد کسی نے آخر
شُکر ہے بزم میں کوئی تو سخنداں نِکلا

۹۴

ہم ایسے کھو گئے بیشِ نگاہ جلوے میں
کبھی نہ جھانک سکے اپنے دل کے پردے میں

یہ کس نے بانٹ کے دھرتی کو نوکِ خنجر سے
لہو کی پیاس جگا دی ہر ایک ذرّے میں

کسے وطن کہیں اپنا مہاجرینِ وطن
بدل رہی ہیں حدیں خاک و خوں کے نرغے میں

چلی تھی ڈھونڈنے اِک سمتِ معتبر جو حیات
قدم قدم پہ ہے لاسمتیت کے خطرے میں

ہزار جاں سے تم آہنگ نثار ہو جس پہ
اُتر چکی ہے وہ اِک جاں کسی کے صدقے میں

میں زخم کھا کے بھی نفرت کا درس دوں کیسے
ملی ہے مجھکو محبت اَزل سے ورثے میں

وہ شخص ڈھونڈتا پھرتا ہے در بہ در گیا شے
اَنا چھپائے ہوئے عاجزی کے پردے میں

الٰہی خیر، یہ امواجِ بحر کے انداز
تلاطموں کی ہے شورش ہر ایک قطرے میں

نوازتے ہیں محبت سے چند اہلِ نظر
میں لاکھ ادنیٰ سہی شاعری کے رتبے میں

اُس آستانِ عقیدت پہ کس خلوص کے ساتھ
جبین و دل ہے خم ایک عمر سجدے میں

ہمارے شعر کی مقبولیت کا راز نہ پوچھ
اَثر بلا کا تھا اہل سے ایک مصرعے میں

کِس طرح اُس سے مطمئن ہوں عوام
چل رہا ہے دروغ پر جو نظام
جن سے کل زیست کی توقع تھی
دے رہے ہیں وہ موت کا پیغام
دستِ قاتل بدل گیا لیکن
ہے وہی کشت وخون، قتلِ عام
سَرِ دشمن بخیر سڑکوں پر
سنگ اُٹھائے نکل پڑے ہیں عوام
دَورِ بے نظم وضبط میں اب تو
سانس لینا بھی ہوگیا ہے حرام
جیتے جی اپنا مرثیہ لکھ کر
بخش دورہ نمائے قوم کے نام

برگ ہیں داغ داغ کیا گُل ہیں جگر فگار کیا
پیرہنِ بہار سے اُلجھے ہوئے ہیں خار کیا

اہلِ سخن کی انجمن بَن گئی شعلہ زار کیا
شمع زبانِ شوق سے اُڑنے لگے شرار کیا

حلف جو لے کے پھونک دیں مُلک کے سَم و دھان کو
دیکھے ہیں آپ نے کہیں ایسے وفا شعار کیا

کچھ تو کہو ستمگرو کس لئے نیم جان ہو
اپنی ہی تیغ تیز کے ہونے لگے شکار کیا

کھیل کے جاں پہ اس لئے عشق کا رکھ لیا بھرم
ساعتِ صبر آزما آئے گی بار بار کیا

امن کے راہبر بنا امن پرست مُلک میں
چار طرف ہے آج یہ شورش و اِنتشار کیا

شوق کی رہ گزار میں اُٹھتے ہیں حشر ہر قدم
حشر کا انتظار کیا حشر کا اعتبار کیا

سلسلۂ جنوں طراز اور بھی ہوگا کیا دراز
اور بھی ہوں گے تابدار گیسوئے تابدار کیا

بیت چکے ہیں جُگ کئی دِل کی تڑپ نہ کم ہوئی
رِستا رہے گا تا حیات زخمِ فراقِ یار کیا

دہر کی ہر خوشی سے رازؔ کر لیا دِل کو بے نیاز
وجہِ کشش بنے گی اب گردشِ روزگار کیا

یوں تو گزرے ہیں نظر سے مری منظر کتنے
دل میں گھر کر سکے آنکھوں سے اُتر کر کتنے

کاش یہ دیکھ سکے اندھے جنوں کا طوفاں
ایک ہی موج سے بہہ جاتے ہیں سب بے گھر کتنے

پیاس یگ یگ کی بجھا دی ہے کسی نے پل میں
ایک ہی جام میں ٹھہرے ہیں سمندر کتنے

گردشِ وقت ذرا یہ تو بتا دے گن کر
ہیں مرے پاؤں میں باقی ابھی چکر کتنے

چھلنی چھلنی ہے ادب کی نئی قدروں کا بدن
ناشناسانِ ادب کے چبھے نشتر کتنے

کون آیا ہے کہ پتھرائی سی اِن آنکھوں میں
رقص کرنے لگے احساس کے پیکر کتنے

پھر بھی اِک برگ کے سائے کو ترستا رہا تن
مجھ سے کم قد کے گزر میں تھے صنوبر کتنے

ہر خیاباں پہ ہیں بکھرے ہوئے دھڑ پھولوں کے
یورشِ باد! کیے تو نے قلم سر کتنے

داغ ہے ملک کے ماتھے پہ یہ عصرِ وحشت
خاک میں مِل رہے ہیں فخرِ وطن سر کتنے

خون اُسی خاک پہ بہنے لگا معصوموں کا
امنِ عالم کے اُٹھے جس سے پیمبر کتنے

راہِ سچ کی کبھی اِک گام نہ چھوڑی اے رازؔ
جھوٹ نے گو وہ ستم ڈھائے ہیں ہم پہ کتنے

کل جسے سمجھے تھے ہم رنگِ بہار
بن گیا وہ آج راہوں کا غبار

فرش پر شبنم فلک پر ابرِ تر
پھول پھر بھی تشنگی سے شعلہ بار

اس برس بھی باغ میں آیا نہیں
ہر کلی کے ہونٹ تک جامِ بہار

لطفِ ساقی رقصِ مے، جوشِ نمو
موسمِ گل اب کہاں ناسازگار

کاش یہ دامن ہمارا بھر سکے
مسکراتی ناچتی گاتی بہار

اشعار

زیست آئینہ خانہ ہے غم سے
کیا چراغاں ہے اشکِ پیہم سے

کس طرح سیر ہو نشاط سے دل
پیاس کس کی بجھی ہے شبنم سے

رنگ و بو کے فریب کھا کھا کر
بدگماں ہوں بہارِ عالم سے

لمحہ بھر خود پہ ہنس سکوں اے کاش
اتنی فرصت ملے ترے غم سے

۹۹

دِل سے جو شب و روز اِک آواز اُٹھا کی
ہم نے اُسے نغمات کی پرواز عطا کی

ہم خاک میں مل کر بھی ہیں قربانِ محبت
سوچی ہی نہیں ہم نے کبھی ترکِ وفا کی

گردن سے ترا قرض نہ اُترا غمِ دوراں
جب تک میں جیا خوں کی ہر بوند ادا کی

یہ کہہ کے مرے حال پہ ہنس دیتے ہیں احباب
انجام کو پہنچی کوئی تدبیر وفا کی؟

نو خیز شگوفے بھی ہیں محرومِ تبسم
کیسی ہے روش آج گلستاں میں صبا کی

سب غنچہ و گل چاک گریباں نظر آئے
وہ خاک بیاباں کی گلستاں میں اُڑا کی

جرأت ہے کسی میں تو کوئی اُٹھ کے بدل دے
میلی ہے بہت آج یہ پوشاک فضا کی

آزاد سہی آپ مگر غیر کے در تک
زنجیر ہے کیوں آپ کے نقشِ کفِ پا کی

اے وقت ٹھہر جا مری پلکوں کو نہ جھپکا
مائل بہ کرم ہے کلی اِک باغِ وفا کی

شامل مرے دکھ سکھ میں کوئی ہو نہ سکا رازؔ
دُنیا نے دکھاوے کی فقط رسم ادا کی

۱۰۰

حضورِ دوست نہ محفل کے درمیاں کہیے
اب اپنے دل ہی سے ہر غم کی داستاں کہیے

اُن انکھڑیوں میں نظر آئی ایک عُمر کے بعد
وہ بات جس کو پیامِ قرارِ جاں کہیے

مسل کے غنچوں کو آرائشِ چمن جو کریں
ستم تو یہ ہے کہ اُن کو بھی باغباں کہیے

ہر ایک گُل ہے فسردہ ہر ایک غنچہ اُداس
اِس اہتمام کو کیا نظمِ گُلستاں کہیے

شبِ فراق میں حسرت بھری نگاہوں کو
سُلگتی آنکھوں سے اُٹھتا ہوا دُھواں کہیے

کھٹکتے رہتے ہیں آنکھوں میں باغبانو کی
وہ چار تنکے جنھیں اپنا آشیاں کہیے

ہر ایک ذرّے میں معبود ہے مرا اے رازؔ
سرِ نیاز جھکادوں مجھے جہاں کہیے

کدھر رواں ہے زرا کاروانِ فکر اے دل
اٹھائے دوش پہ ماضی و حال و مستقبل

نہ جانے کتنے غموں سے رندھی ہے یہ آواز
غزل کو تب ہوئی تاثیر و دلکشی حاصل

پناہ بخش مجھے اپنی بیکرانی میں
تڑپتے قلب کی ہر موج کا ہے تو ساحل

فنا بقا کی اسیری سے کر مجھے آزاد
مرا وجود کسی قید کے نہیں قابل

ہے قلب میں متلاطم وہ کرب کا دریا
جو ڈھونڈتا ہے سمندر کا پُرسکوں ساحل

رقم کرائے جو مجھ سے جو اس نے مل کر
وہ چند شعر ہیں دل کی کتاب کا حاصل

تڑپ رہا ہے ابھی تک لہو لہان احساس
نہ جانے کون سے پردے میں چھپ گیا قاتل

کسی مقام پہ حاصل نہیں سکونِ قیام
کہاں کہاں لئے پھرتی ہے بیقراریِ دل

عجب فروغِ ہنر کا یہ دور ہے یارو
ہنر نواز کچھ اہلِ ہنر کے ہیں قاتل

ترے کلام میں حسنِ اشاریت سے راز
کئی معانی بے لفظ ہو گئے شامل

ہر ایک رُت کی رنگ بدلتی فضاؤں میں
دِن رات ہمسفر وہ رہے دھوپ چھاؤں میں

دِل نے بہارِ حسن کی دنیا سمیٹ لی
اِک لمحہ کھو کے حُسن کی رنگیں اداؤں میں

ہستی کی سخت دھوپ کا احساس مٹ گیا
گزری جو ایک شب تری زلفوں کی چھاؤں میں

جھٹکی ہیں کیا کسی نے کہیں زلفِ عنبریں
لہرا رہے ہیں کیف کے بادل ہواؤں میں

اب تک برس رہی ہیں نگاہوں پہ مستیاں
زلفیں کھلی تھیں اُن کی گھٹاؤں کی چھاؤں میں

وہ نغمۂ نشاط وہ کیفیّتیں کہاں
اب تو فغانِ درد ہے دل کی صداؤں میں

وہ موجِ نوبہار نگاہوں سے چھُپ گئی
اِک آرزو کا باغ کھِلا کر فضاؤں میں

مجبورِ التفاتِ مُسلسل ہے وہ نِگاہ
اے رازؔ کیا اثر تھا تری التجاؤں میں

بہائیں اشک نہ دامن کو تار تار کریں
جنونِ عشق کو شائستۂ قرار کریں
یہ جانے کون سے وعدے پہ ہم نثار کریں
نہ لائیں کس پہ یقیں کس کا اعتبار کریں
گزر بھی جا شبِ ہجراں کہ دیدہ و دل میں
مچل رہی ہے تمنا کہ دیدِ یار کریں
نقاب رخ سے الٹنے کی اب اجازت دو
نہیں ہے تاب جو کچھ اور انتظار کریں
ہم اہلِ دِل تو فقط طالبِ محبت ہیں
جو چاہیں طرزِ ستم آپ اختیار کریں
نگل نہ جائے یہ اُمید کی شعاعوں کو
شبِ سیاہ کی ظلمت کو نور بار کریں
گزر گئی جو گزرنی تھی جان پر اپنی
اب اس کے ذکر سے کیوں ان کو شرمسار کریں
ہمارے اشکوں سے بھڑکے گی اور آتشِ غم
کسی پہ کیوں غمِ پنہاں کو آشکار کریں
تمیز ہی نہیں اے رازؔ دوست دشمن میں
بتاؤ کس سے بچیں کس پہ جاں نثار کریں

۱۰۴

غَضب ہے یہ تُندو تیز آندھی چراغِ شمس و قمر بُجھے ہیں
بَصیرتِ زیست چِھن گئی ہے دِل و نظر اِسقدر بُجھے ہیں

چہار سُو ظلمتِ فلک سے نجوم کی راکھ جَھڑ رہی ہے
زمین کی پیاس بڑھ رہی ہے اَیاغِ شمس و قمر بُجھے ہیں

بُجھا رہے ہیں گلوں کے چہرے ہَوا کے جھونکے روش روش پر
فسُردہ ہیں سب شجر چمن کے تمام بَرگ و ثمر بُجھے ہیں

وہ رُوح ہی آج بُجھ گئی ہے تھا عزمِ پَرواز جس سے روشن
منازلِ ارتقا کو جن سے چھُوا تھا وہ بال و پَر بُجھے ہیں

کَلامِ حق کی ضیا رکہاں اَب فسُونِ باطل ہے ہر قدم پر
بَشر جو کردارِ روشنی تھے وہ وقت کی خاک پر بُجھے ہیں

فضائے جمہوریت میں بھی ہے یہ اہتمامِ چراغ ہر سُو
ہیں سَب اَمیروں کے قصر روشن شکستہ حالوں کے گھر بُجھے ہیں

کَہاں تلک اپنی جاں کی مشعل جَلائیں منزل کی جُستجو میں
وہ دُور و نزدیک تیرگی ہے خطوطِ ہر رہ گزر بُجھے ہیں

نشیبِ ظُلماتِ یاس میں دل فرازِ انوار ڈھونڈتا ہے
اُمید کے آسماں پہ لیکن نجوم و شمس و قمر بُجھے ہیں

۱۰۵

قول و قسم دیتے تھے اکثر ہم سے اُنہیں تھا پیار بہت
وقت پڑا تو بات نہ پوچھی کرتے تھے اِقرار بہت

مے پی کر اُس غنچہ لب سے تن من میں اِک آگ لگی
پل دو پل کی سرشاری نے ہم کو دیئے آزار بہت

رہ گئیں موت سے خود بھی ترس کر اور یہ دل بھی ترسایا
جن آنکھوں نے دِل سے کیا تھا جینے کا اِقرار بہت

ایک گلِ تر کی چاہت میں چند برس ہر موسم میں
ہم نے چُنے اپنی پلکوں سے راہِ وفا میں خار بہت

محوِ پرستش راز ہی تھا جب اُن کے رُوپ کی شام ہوئی
وقتِ طلوعِ حُسن تھے اُن کے عشق کے دعویٰ دار بہت

اشعار

نظر آیا کسی کا حُسن کچھ اور
چراغِ آرزو کی روشنی میں

بیانِ مُدعا ہونے نہ پایا
اُڑا دی بات ہی اُس نے ہنسی میں

پڑا وہ نور کا پردہ نظر پر
بھٹکتے ہی رہے ہم روشنی میں

گزرے کسی کے عشق میں دِل پر وہ حادثات
ہر ہر نفس اَجل سے ہم آغوشِ تھی حیات

سیکھا اُن انکھڑیوں سے وہ اندازِ گفتگو
ہم خامشی میں کرتے رہے اپنے دل سے بات

کیا سحر دِل پہ تیری تمنّا نے کر دیا
اِتنی حسین تو نہ تھی پہلے یہ کائنات

اس طرح ہم سے ترکِ محبت نہ کیجئے
تڑپائیں گے تمہیں بھی یہ ٹوٹے تعلّقات

کیا پُر فریب رنگ ہے اُس چشمِ ناز کا
اِظہارِ بے رُخی ہے نہ اندازِ اِلتفات

لُطف و ستم سے کچھ تو پیامِ حیات دے
ہے اِک سکوتِ مرگ یہ یک رنگیٔ حیات

قربت میں بھی کسی کی یہ عالم ہے وضع کا
ہیں لُطفِ بے پناہ میں شامل تکلّفات

رنگین وادیوں میں بھٹکتی ہے رات دن
اِک مرکزِ سکوں پہ ٹھہرتی نہیں حیات

اَے رازؔ جن سے ہوتی ہے تشریحِ زندگی
سمجھا رہا ہے حُسن محبت کے وہ نِکات

چمن کے تازہ تریں گلوں پر اگر کوئی شعلہ بار ہوگا
تو ایک اِک شاخ جل اُٹھے گی کبھی نہ ذکرِ بہار ہوگا

ہمارے مٹنے کے بعد کتنی کچھ فضا میں ایسا غبار ہوگا
دماغ و دِل پر جو نسلِ آدم کے محشرِ انتشار ہوگا

چلے گی وہ بادِ تند و تیرہ اُجاڑنے کو جہاں کا گلشن
نہ عرش پہ ہوں گے چاند تارے نہ فرش پر لالہ زار ہوگا

پڑے گا ظلمت کا ایسا سایہ کہ خوف سے کانپ اُٹھے گا گلشن
نہ مہر میں روشنی رہے گی نہ سایۂ برگ و بار ہوگا

اِک آن میں ہم کو خاک کر دے گا جنگ کا تند و تار شعلہ
نہ کوئی پرسانِ غم رہے گا نہ کوئی ماتم گسار ہوگا

ہزار صدیوں میں دستِ انساں کی کاوشیں پھر نہ سی سکیں گی
جہاں کی تہذیبِ نو کا دامن کچھ اِس طرح تار تار ہوگا

بھڑک اُٹھے گی وہ آگ دل کی کہ تشنگی پھر نہ بجھ سکے گی
نظر نظر ایک آہ ہوگی نفس نفس اِک شرار ہوگا

چمن میں بوئے ہوئے یہ کانٹے کریں گے ایک ایک دل کو چھلنی
کلی کلی خون ہو گی غم سے چمن کا سینہ فگار ہوگا

ابھی تو ہیں چند ایک کانٹے ہٹا بھی دو اِن کو باغبانو
برہنہ پائی کو ورنہ کل یہ چمن نیا خار زار ہوگا

نہیں ہے کوئی بھی جینے کا آسرا اے دِل
نہ یادِ عہدِ گزشتہ نہ خوابِ مُستقبل
لہو سے شوقِ قلم نے رقم کیا ہر باب
بنی ہے قابلِ صد رشک تب کتابِ دِل
کسی کے دِل میں اُجالا کریں تو بات بنے
ہماری آنکھوں کے یہ اشکِ ضوفشاں اے دِل
نہیں ہے آرزوئے دل کسی سے بے پردہ
ابھی حجابِ تکلّف ہے درمیاں حائل
سرشکِ غم سے مرے شعر تر تو ہوں لیکن
غزل کو ہو متبسّم سی نغمگی حاصِل
کلام خانہ نشیں ایک عمر بڑھ کر بھی
نہ سمجھا راز کو دلّی نے شاعرِ محفل

دو شعر

ہم نے ہر چند چراغوں کو دیا اپنا لہو
ظلمتِ بزمِ جہاں پھر بھی مٹائی نہ گئی
جس کی بنیاد غمِ عشق نے رکھی اے راز
وہ عمارت کسی طوفان سے ڈھائی نہ گئی

جہاں کا حکام میں مقام نہیں — دِل سے جو دشمنِ عوام نہیں
نہ ہوں رسوا جہاں سیاستداں — آج ایسا کوئی مقام نہیں
الم اور ضبط پر ہے طنزِ جلی — حاکمِ وقت پہ نظام نہیں
تیز رفتار عصرِ حاضر میں — کوئی ثابت قدم اِمام نہیں
انتشارِ دل و نظر کے سوا — عصرِ حاضر کا کچھ پیام نہیں
کیا کوئی داغِ دل بچا ایسا — سوزِ غم سے جو شعلہ فام نہیں
ہیں نشے میں ہیں چور بادہ کش — ساغر و مے کا احترام نہیں
مجھ سے کیوں پوچھتے ہو اُن کا حال — اُن سے میری دُعا سلام نہیں
راج پانی بھرے گا پھر آخر — سب ہیں آقا کوئی غلام نہیں
مطلعِ غم ہے یہ تمام غزل — اِس کا مقطع پہ اِختتام نہیں

عمر کوتاہ طویل قصۂ غم
راز میں طاقتِ کلام نہیں

گرماؤ دلِ قوم نکالو کوئی تدبیر
اب بجھنے لگا آپ کا ہر شعلۂ تقریر

ہر دستِ مصور میں نیا رنگِ قلم ہے
ڈر ہے نہ بگڑ جائے کہیں قوم کی تصویر

مجموعۂ اضداد ہے خدام کی مجلس
منصب کی ہوس میں کوئی شاداں کوئی دلگیر

بے نور ہوئیں کفر کی ظلمت سے وہ آنکھیں
کل جن میں نظر آتی تھی ایمان کی تنویر

ہر سو وطن و قوم کے خدام کا شیوہ
تقریر ہی تقریر ہے تقریر ہی تقریر

ہمدرد جو بنتے تھے وہ ثابت ہوئے قاتل
ہر صف میں وطن کی نئی چلنے لگی شمشیر

حریتِ آدم کی اس آزاد فضا میں
ہر سانس ہے احساسِ گراں باریِ زنجیر

دو گام رہِ راست دکھائی نہیں افسوس
اب دیدۂ بینا کو نئے دور کی تنویر

ہم آس میں سائے کی اٹھاتے ہیں جو دیوار
مل جاتی ہے مٹی میں بہت جلد وہ تعمیر

ہر سمت ہیں اُمڈے ہوئے بارود کے بادل
کیا خوب ہے پُر امن ارادوں کی یہ تشہیر

ہو اپنی ستائش میں حقائق سے گریزاں
ہوگی اِسی انداز سے کیا قوم کی تعمیر

بدلا نہیں حاکم نے اگر طرزِ حکومت
ممکن نہیں بدلے کبھی اس قوم کی تقدیر

کب جذبۂ ایثار و عمل بن کے اُٹھو گے
کیا آئینے میں دیکھ رہے ہو ابھی تصویر

رُباعیات

حالت ہے عجب اب تو الٰہی دِل کی
بڑھتی ہے بہر لحظہ تباہی دِل کی
دِل علم سے کرتا ہوں چراغاں جتنا
بڑھ جاتی ہے اُتنی ہی سیاہی دِل کی

ہو عزم تو سب کام سنور جاتے ہیں
ڈوبے ہوئے دل خود ہی اُبھر آتے ہیں
جو راہ فرشتوں کے لیئے ہے دشوار
اُس راہ سے اِنسان گذر جاتے ہیں

۱۱۲

کسے راس آئے گی یہ ہوا گل و خار پر بھی جو بار ہے
مرے گلستاں کا ہے رنگ کیا نہ خزاں ہے یہ نہ بہار ہے

ابھی حسن زیست نہیں عیاں ابھی چار سو ہے دھواں دھواں
کہ بہار صبح کی راہ میں ابھی شام غم کا غبار ہے

نہ وہ تازگی نہ وہ غنچگی یہ جمائیاں یہ فسردگی
وہ نشہ کہاں نئی صبح کا یہ گزشتہ شب کا خمار ہے

مجھے اپنے غم کا نہیں ہے غم ہے چمن کے غم ہی سے آنکھ نم
گل و خار جس کو عزیز ہیں وہی تازہ غم کا شکار ہے

جو چھپی تھیں گرد میں منزلیں وہ ابھر کے سامنے آگئیں
انہیں نظم و ضبط کی شکل دو، رہِ وقت کی یہ پکار ہے

وہی ایک چہرۂ ضو فگن ہمیں جس کو زینتِ انجمن
جو تمام برق و شرار ہے وہی میرے دل کا قرار ہے

مرے روز و شب کو یہ کیا ہوا کہ قرار دل کو نہیں رہا
نہ وہ چھاؤں زلفِ سیاہ کی نہ صباحتِ رخِ یار ہے

وہی زلف و رخ کی پرستشیں وہی مہوشوں کی حکایتیں
تجھے راز مرگ کا خوف کیا کہ حیات تیرا شعار ہے

صُبح کے رُخ پر رات کا کاجل پھیلا پھیلا دیکھو تم
کیوں ہے گُلوں پر میلی شبنم قطرا قطرا دیکھو تم

اُبھی اُفق پر سُرخ سحر کی کرنیں تھیں بکھری بکھری
اِن کو منظم ہو جانے تک لمحہ لمحہ دیکھو تم

منظر منظر پھیل رہی ہے دُھن مرے دَرد و غم کی
اشک سے تر آواز کی لہریں نغمہ نغمہ دیکھو تم

دھوپ میں جل کر نقشِ قدم ہم کن راہوں میں چھوڑ آئے
وہم اَبر میں گھر سے نکل کر سایا سایا دیکھو تم

کس تیزی سے پھیل رہے ہیں نئے اُفق امکانوں کے
ذرہ ذرہ صحرا صحرا دریا دریا دیکھو تم

چاروں جانب جنگل جنگل شجر شجر ہر ٹہنی پر
کرتا ہے موسم کی شکایت پتہ پتہ دیکھو تم

جنم جنم سے جلا رہی ہے مَن کو آگ محبت کی
میرے خاکی تن کا سُلگنا ذرّا ذرّا دیکھو تم

صُبحِ اَزل یہ کہہ کر کوئی ہو گیا آنکھوں سے اوجھل
اہلِ نظر اب میرا جلوہ پردہ پردہ دیکھو تم

رازؔ کوئی تو کھُل جائے گا بادِ سحر کی آہٹ سے
غور سے اپنے کان لگا کر جھونکا جھونکا دیکھو تم

ہر لمحہ مری رُوح میں اک حشر بپا ہے
یہ زیست خُدا جانے سزا ہے کہ جزا ہے

ہے وجہِ تباہی مری روشن نظری بھی
ظُلمت کے سوا دہر نے کیا مجھ کو دیا ہے

اَب تک تھا بہت اُترا ہوا آپ کا چہرہ
آمد ہے یہ کس کی کہ نیا رنگ کھِلا ہے

پہنچائے گی یہ پاؤں کی زنجیر کہیں تو
وہ دَر ہے مقفّل درِ زنداں تو کھُلا ہے

اِک گھر میں اندھیرا ہے تو اِک گھر میں اُجالا
کیا طُرفہ قیامت یہ زمانے کی ہَوا ہے

اَب گوشِ سماعت کے پھٹے جاتے ہیں پردے
ہر گوشۂ خاموش سے وہ شور اُٹھا ہے

شاداب کیا جس نے تمدّن کی جڑوں کو
وہ چشمہ تہِ خاکِ زمیں سُوکھ رہا ہے

سائے کی توقع ہے نہ اُمید ثمر کی
اُگنے کو تو ہر نخل نیا اُگ ہی رہا ہے

اس دِل نے تجھے پاس سے رہ رہ کے پکارا
کیا تجھ کو کبھی قُرب کا احساس ہوا ہے

تنہائی میں کیوں گوشِ برآواز ہوں اَے راز
یہ مجھ میں چھپا کون ہے جو نغمہ سرا ہے

حادثہ کیا ہوا خدا جانے
جمع ہیں گرد اپنے بیگانے

ایک دل اور سینکڑوں ناصح
کیسے ہر ایک کا کہا مانے

آتے جاتے ہیں کس لئے یہ لوگ
آج کیا ہو گیا خدا جانے

ہر گھڑی صبر و ضبط کی تلقین
کھل کے رونے دیا نہ دنیا نے

زخم سینے پہ اشک آنکھوں میں
بس یہی کچھ دیا ہے دنیا نے

پیاس بجھتی تھی جس سے رندوں کی
مے سے خالی ہیں اب وہ پیمانے

دل میں روشن ہیں یاد کی شمعیں
جل بجھے آرزو کے پروانے

بڑھ گئی اور دل کی بیتابی
کون آیا ہے آج سمجھانے

دل کو کیا کیا دیئے فریب اے دوست
زندگی بھر تری تمنا نے

رہ نہ جانا الجھ کے اے ناداں
زلف گیتی چلا ہے سلجھانے

شہر میں تیرے عشق کے اے رازؔ
جتنے منہ آج اتنے افسانے

دوش پر آج زلفِ یار نہیں
زیست کیفیتِ بہار نہیں

جو بھڑکتے تھے ابرِ باراں سے
حیف اب دل میں وہ شرار نہیں

شجرِ دل پر اب تمنا کا
اِک پرندہ بھی نغمہ بار نہیں

جانے کس وقت کس پہ آجائیں
حضرتِ دل کا اعتبار نہیں

ہر سخن کے جواب میں "ہوں ہوں"
اِک قیامت ہے اختصار نہیں

اہلِ دانش کی زندگی کا فقط
چند ٹکڑوں پہ انحصار نہیں

ایک آنسو سہی وجود مرا
دامنِ زندگی پہ بار نہیں

اللہ اللہ یہ ظلمتِ احساس
روز و شب میرے نور بار نہیں

زندگی وقفِ شاعری کردی
شاعروں میں مگر شمار نہیں

رازؔ ہی ہے وہ غمزدہ جس کا
کوئی دنیا میں غمگسار نہیں

۱۱۷

بہارِ آرزو حسنِ مجسم ہوتی جاتی ہے
تری اِک اِک ادا ایک ایک عالم ہوتی جاتی ہے

وہیں بنتے چلے جاتے ہیں اہلِ عشق کے معبد
جبینِ شوق میری جس جگہ خم ہوتی جاتی ہے

بکھر کے ٹوٹتے جاتے ہیں رشتے ربطِ باہم کے
یہ کس انداز سے ہستی منظم ہوتی جاتی ہے

ہٹا دے گی جو ظلمت کی نقاب اس دور کے رخ سے
جوانی وہ نئی قوت فراہم ہوتی جاتی ہے

یہ دورِ حریت اِک نام ہے تازہ اسیری کا
کہ زنجیرِ غلامی اور محکم ہوتی جاتی ہے

زمانے کا یہ فرقِ ظاہر و باطن ارے توبہ
مزاجوں کی ہم آہنگی بہت کم ہوتی جاتی ہے

یہ نورِ صبحِ مشرق ہے کہ ظلمت شامِ مغرب کی
نظر یہ سوچ کر حیران و مبہم ہوتی جاتی ہے

بہ وصفِ شعلۂ احساس سازِ دل کے تاروں پر
غزل میری اک آتش ریز سرگم ہوتی جاتی ہے

یہ کیسا موڑ ہے اے رازؔ راہِ زندگانی میں
خوشی ہر گام پر اک منزلِ غم ہوتی جاتی ہے

!۱۱۸!

فسونِ رنگ بھی، آواز بھی ہے
سخن اُس کا مُرقّع ساز بھی ہے

مرے کم عمر جامِ شاعری میں
کہن کچھ بادۂ شیراز بھی ہے

نہ دی یہ سوچ کر اُس در پہ دستک
وہ در تیرے لئے کیا باز بھی ہے

جو تلوے چاٹتا ہے احمقوں کے
ستم یہ ہے وہ سرفراز بھی ہے

حقیقت دل کی کہتے ڈر رہا ہوں
نظر اُس کی فسانہ ساز بھی ہے

ربابِ وقت کے پردوں میں شامل
مری نیرنگیٔ آواز بھی ہے

نئے افلاک کا ہوگا تعیّن
زمیں میری فلک انداز بھی ہے

اُن آنکھوں سے ہوا محسوس دل کو
نظر فریادِ بے آواز بھی ہے

بظاہر ہے وہ اِک معصوم قاتل
بباطن وہ زمانہ ساز بھی ہے

دلِ ظالم پہ مظلوموں کا یارب
کوئی آنسو اثر انداز بھی ہے

دیارِ میر و غالب میں غزلخواں
سُنا ہے اِک سخنور رازؔ بھی ہے

۱۱۹

ہر غم سے جُلا دل سحر و شام بہت ہے
رَوشن نَظری کا یہی انعام بہت ہے

دِل پر کسی رشتے کی گراں اَب نہیں زنجیر
کُنجِ قفسِ عِشق میں آرام بہت ہے

محروم ترے "لُطفِ ستم" سے ہوں میں وَرنہ
آسودگیِ گردشِ ایّام بہت ہے

اَب زحمتِ پُرسش نہ اُٹھائیں مرے احباب
جس حال میں بھی ہوں مجھے آرام بہت ہے

کانوں سے اگر سُن سکو غوغائے جہاں میں
خاموش سی دھڑکن بس بھی پیغام بہت ہے

جو رُوح کی گہرائی میں آنکھوں سے اُتر جائے
اُس بادۂ عرفاں کا تو اک جام بہت ہے

سُن اَے دلِ ناداں تری رُسوائی کا باعث
اِک شغلِ سخن ہی سحر و شام بہت ہے

اَب اشکِ مسلسل سے بھی شاید نہ دُھلے گی
دل پر یہ جمی گردِ سیہ فام بہت ہے

اِس کارگہِ ہستیِ دوروزہ میں اَے راز
اِک کام قرینے سے سرانجام بہت ہے

پُوچھا ہے رو کے حال جب اُس غمگُسار نے
دل کو گداز کر دیا سوزِ شرار نے

جس گُل کی جُستجو تھی نظر کو چمن چمن
ملنے دیا سُراغ نہ اُس کا بہار نے

نازک سی ایک ٹھیس بھی لگنے نہ دی کبھی
رکھا خیال اتنا مِرا چشمِ یار نے

رنگِ بہار دیکھ نہ پائے خزاں نصیب
جھونکی وہ دُھول آنکھ میں بادِ بہار نے

دِل رُوح کے سفر میں بھٹکتا ہی رہ گیا
ایسے فریبِ راہ دیئے رہ گُزار نے

اُف دِل سے قطع کر دیا ہر رشتۂ یقیں
نادِیدہ اشتباہ کے خنجر کی دھار نے

ہستی کو حیف آگ کا دریا بنا دیا
ہر ہر نَفَس ہوس کے سُلگتے شرار نے

دوزخ کی آگ ہائے لگا دی چہار سُو
تخریب قومیت کے بھڑکتے شرار نے

ذرّوں سے جو کرن بھی ملی، دل نے چُوم لی
بخشا ہے وہ شعورِ نظر حُسنِ یار نے

اَے راز رُوح کے کئی پُرپیچ مسئلے
حل کر دیئے زبانِ تکلّف سے پیار نے

۱۲۱

اِک شکن ایسی پڑی حُسن کی پیشانی پر
دِل مچلتا رہا کچھ دیر غزلخوانی پر

جب وہ کرتے تھے سِتم تھا ہمیں شکوہ ہر دم
اور اَب خُون ہے دِل اُن کی پشیمانی پر

سجدہ کرنے سے ترے دَر پہ بھی یہ مِٹ نہ سکا
قلمِ غیب نے کیا لکھ دیا پیشانی پر

تُل گئی توڑنے پر جُزو کا رشتہ کُل سے
آنکھ رَدتی ہے لہُو عقل کی نادانی پر

پونچھنے کے لئے اُٹھا نہ کوئی بھی دَامن
جم گیا خُونِ بَشر وقت کی پیشانی پر

چار مذہبوں کے تھے ہُنر میں کئی عیب مگر
لوگ ہنستے رہے بے عیب کی عُریانی پر

تم وہ طوفانِ تغیّر تو اُٹھاؤ کہ کبھی
ریت کا ڈھیر نہ جم پائے رَواں پانی پر

مسئلہ کوئی بھی ہو حَل نہیں ہونے دینا
خوف و نفرت کا تسلّط دلِ انسانی پر

شہرِ آشوب کے کچھ اور دکھانے منظر
قلمِ رازؔ کے آنسو نہ تھے طغیانی پر

وہ آہ اُن کی جو آن بھر تھی
مُراد میں داستان بھر تھی

تھا اُن سے پہچان بھر تعلق
مگر حکایت جہان بھر تھی

نگاہِ فنائی کے دائرے میں
یہ جانِ محزوں نشان بھر تھی

بنا میں رشتوں کی ڈالتا کیا
حقیقتِ تن گمان بھر تھی

اُمر کیا جس نے عنصری تن
وہ ساعتِ ہوش آن بھر تھی

کسی کی جرأت نے چُور کر دی
جو مشکلِ جاں چٹان بھر تھی

تھی اِک پرندے کا کرب شاید
تڑپ بدن میں جو جان بھر تھی

اُڑا کے دل ساتھ لے گئی جو
وہ صوتِ خود رفتہ تان بھر تھی

حیات سمجھے تھے راز جس کو
وہ ایک آندھی اُڑان بھر تھی

۲۳:

مری نگاہ کو وہ نورِ کاوش مل جائے
پرائے غم میں بھی اپنا ہی غم نظر آئے

طوافِ باغ میں کانٹوں سے ہر قدم بچ کر
ہم اپنے دامنِ ہستی میں پھول بھر لائے

تھی سر پہ دھوپ کڑی پھر بھی اُن کی قربت میں
برہنہ پائی میں ہم منزلوں نکل آئے

خدا ہم کو ٹے کبھی دل کی خود فریبی کا
لگے وہ راہ کی ٹھوکر کہ آنکھ کھل جائے

رسائی یاد کے جھونکوں کی بھی نہیں اُس تک
وہ پھول جس نے مرے جسم و رُوح مہکائے

ہے عکسِ منظرِ باغِ جہاں ابھی دھندلا
کچھ اور آئنہ دِل کا مرے جِلا پائے

وہ سائبانِ اماں کا ہے سر پہ بے معنی
ضمیر قید ہو جس میں خودی سزا پائے

ہوئی زباں کو نہ احساں ادائیگی[1] کی تاب
بڑے خلوص سے احباب مجھ سے پیش آئے

تمیزِ راز نہ کی ہم نے دوست دشمن میں
نباہی دونوں سے خود پر مگر ستم ڈھائے

---

[1] میں اس ترکیب کو جائز سمجھتا ہوں

اِک عمر دل کے جلنے سے رُخ پر جَما دُھواں
بے وجہ کوئی شکل بگڑتی نہیں میاں

در پردہ آرزو تری بَر آئی باغباں
تنکوں کی شکل جل اُٹھے گلشن میں آشیاں

ہر شعر سے اُٹھا کبھی شعلہ کبھی دُھواں
دہکا رہا غزل میں مرا سوزِ جاوداں

کیا جانیں بندگانِ زر و سیم میری قدر
میں ہوں رموزِ حسن و محبت کا ترجماں

زیبائشِ حیات کے ساماں تو ہیں بہم
کیوں طعنہ زن ہیں پھر یہ ویران بستیاں

سجدے میں تیرے محو ہوں یہ بھی نہیں خبر
تیری جبیں کہاں ہے ترا آستاں کہاں

آجائے کاش لفظ و بیاں کی گرفت میں
جو کشمکش ہے خواب و حقیقت کے درمیاں

اِک روشنیِ حق ملی مجرم ضمیر کو
چمکیں تری نظر سے وہ معصوم بجلیاں

کل ہی کھلی ہے اِک نئی اردو اکادمی
پاتا ہے کون فیض ذرا دیکھئے میاں

سورج کی روشنی بھی نہ جن سے گزر سکے
سر پر ہمارے چھائی ہوئی ہیں وہ بدلیاں

دل میں ہیں حشر خیز فسانے کئی، مگر
اے رازؔ پاسِ وضع سے کھلتی نہیں زباں

جو شعر میرے آنسوؤں سے تر زیادہ ہیں
سُنتے ہیں وہ حضور کو ازبر زیادہ ہیں

کرتی ہیں مجھ پہ رشک جہاں بھر کی گردشیں
قسمت سے میرے پاؤں میں چکّر زیادہ ہیں

صدقے تمہارے قُرب کے مہکے ہوئے یہ سانس
گلشن کی ہر مہک سے مُعطّر زیادہ ہیں

لے جائیں گے اُڑا کے ہمیں کس عروج پر
دِل میں ہمارے دَرد کے شہپر زیادہ ہیں

آنکھوں کو جو کئے ہیں عطا عشق نے ترے
تاروں سے بھی وہ اشک منوّر زیادہ ہیں

پتھر چھُپا کے پھولوں میں پھینکیں گے ناظرین
ہم مرکزِ کشش ہی سہی ششدر زیادہ ہیں

اِک ظاہری فریب ہے خندہ لبی مری
زخمِ شگفتہ قلب کے اندر زیادہ ہیں

میری نظر کو آئے نہ پھر بھی وہ نظر
جن آئینوں میں سُنتے تھے جوہر زیادہ ہیں

لازم نہیں تمہیں ملے دادِ سخنوری
اِس انجمن میں راز سخنور زیادہ ہیں

دردِ قضا دل میں کیا ٹھہرا
پاس نہ کوئی مسیحا ٹھہرا
میری پہنچ دارین سے آگے
لاکھ میں ادنیٰ ذرہ ٹھہرا
آغاز و انجام سے مطلب
میں لافانی لمحہ ٹھہرا
کیوں نہ بصیرت دیتا جاؤں
شہر کا شہر ہی اندھا ٹھہرا
دھوپ یُگوں کی جذب کی جس نے
گھر گھر آج وہ سایا ٹھہرا
مجھ میں کہاں آواز ہے اپنی
میں تو ساز کا پردہ ٹھہرا
شرط ہے اُس کی جسم نہ بھیگے
بحرِ گنہ سے گزرنا ٹھہرا
دامن سے کیا باندھ سکوگے
میں بادل کا ٹکڑا ٹھہرا
شمع ہوئی اِک شام نہ روشن
رازؔ کے گھر وہ اندھیرا ٹھہرا

یا شمعِ زیست ہی بجھ جائے یا رات اَلم کی ڈھل جائے
ہر بار کے جلنے بجھنے سے ہم اہلِ تمنّا باز آئے
مایوسِ کرم دل پر میرے وہ آس کے لمحے بھی آئے
کچھ دیر کو جیسے شبنم سے اِک پھول شگفتہ ہو جائے
تفصیل سے دیکھا ہے ہر زخمِ محرومیِ قسمت کا عالم
دِل ہم نے کیا جتنا روشن بڑھتے ہی گئے اُتنے سائے
تاریکیِ غم سے گھبرا کر نظریں نہ فلک کی سمت اُٹھا
انوارِ مہ و انجم سے کہیں دل پر نئی چوٹ نہ لگ جائے
بجھتی ہوئی شمعِ ہستی کے اِس آخری اُٹھتے شعلے سے
اُس شوخ کے ضبط کے دامن کو اِک موجِ صبا بھڑکا آئے
اِس ہرگِ وزیست کی مشکل میں اس کشمکشِ دردوغم میں
ہے خوب جو دل کے ہاتھوں سے اُمید کا دامن چھُٹ جائے
تو تشنہ لبی کے عالم میں ہر بار نہ جلدی جام اُٹھا
لب تک آنے سے پہلے ہی یہ ساغر بھی نہ چھلک جائے
اَے نازشِ حُسن اَے جانِ حیا یہ پوچھ کے اپنے دل سے بتا
کب تک ترے حُسنِ تصوّر سے دِل اپنا کوئی بہلائے
اَے رازؔ غمِ دِل کا قصّہ اشکوں کی زبانی کہہ تو چلے
ایسا نہ ہو کوئی رو رو کر رُوداد ہماری دہرائے

کیا تھا وہ دورِ عنایاتِ فراواں جاناں
جب خزاں میں تھا بہم عیشِ بہاراں جاناں

کیوں مچلتا نہیں اب کوئی بھی ارماں جاناں
دل کہوں میں اسے یا شہرِ خموشاں جاناں

جب سے چھائی ہے محبت کی بہار آنکھوں پر
پھول سا رُخ ہے ترا گلشنِ خنداں جاناں

شاخِ ہستی پہ میں خونبار ہوں خارِ غم سے
خونچکاں ہے مری آوازِ دل و جاں جاناں

رات بھر جل کے چراغوں کی طرح بجھتے رہے
ہم نے دیکھی نہ کبھی صبحِ درخشاں جاناں

کبھی بدلے ہوئے موسم کی ہوا سے پوچھا
تو نے بھولے سے مرا حالِ پریشاں جاناں

ہم نے کچھ اور سجا دی ہے ذرا آئینہ دیکھ
گلِ رنگیں سے تری کاکلِ پیچاں جاناں

روز بڑھتی ہوئی نفرت سے فضا ہے ویران
آکریں پیار کے کچھ رنگ پر افشاں جاناں

تیری افسردہ مزاجی سے شعلہ افشاں ہے
بربطِ دل کا ہر اک تارِ غزلخواں جاناں

رازؔ کی عمرِ محبت کا ہے حاصل وہ غزل
آجتک جو ترے ہونٹوں پہ ہے رقصاں جاناں

وذت ہے اِک ایسا عقدہ جو کسی سے حل نہ ہو
ہم مُفصّل جس کو سمجھے ہیں کہیں مُجمل نہ ہو

لیکے اُتریں گے ہمیں جن پر سیاسی ناخدا
اُن جزیروں میں کہیں ہر گام پر دلدل نہ ہو

تشنۂ معنی نظر آتی ہے ہر جنسِ جہاں
علمِ نظمِ دہر ہی انسان کا مہمل نہ ہو

گونجتی ہے اِن میں تیری ہی تو آوازِ عمل
اپنے دل کی دھڑکنوں کو سُن کے تو بیکل نہ ہو

تن مرا جُھلسا کے رکھ دے زندگی کی سخت دُھوپ
تیری رحمت کا اگر سر پر گھنا بادل نہ ہو

جذبۂ دل سے جگا دی میں نے آوازِ ضمیر
اب نہیں ممکن کہ دُنیا میں نئی ہلچل نہ ہو

بہہ رہا ہے شہر میں ہر سمت معصوموں کا خُون
ایک بھی ایسی نہیں ہے راہ جو مقتل نہ ہو

ٹھوکریں کھائیں نہ انساں اور فرشتے راہ میں
رہ گزرِ قسمت کی آنکھوں سے اگر اوجھل نہ ہو

کاش میرے شاہدِ فن کی حسیں آنکھوں میں رازؔ
وقت کی بارش سے جو بہہ جائے وہ کاجل نہ ہو

بارشِ سنگ سے ہم کیا گزرے اپنی خودسر ذات لئے
سنگ زنی پر ناز جنہیں تھا وہ تھے شکستہ ہات لئے

زیست کا اے ناداں غم کیسا جشنِ زیست مناتا جا
تن اور مَن پر زخم کی صورت وقت کے احسانات لئے

گھور اندھیرا ہے تُو یکساں ظاہر و باطن کر روشن
مثلِ چراغ لبوں پر اپنے پیار کے پیغامات لئے

اِک اِک ہو کر بکھر رہے ہیں اندر دھنش تہذیب کے رنگ
ہر سُو ہے نسلوں کا تصادم حشر نما خطرات لئے

ہر گھر کے آنگن میں رکھ دی کس نے آگ بغاوت کی
چار طرف طوفانِ بَلا ہے حشر کے امکانات لئے

رازؔ تہی دامن کی سفر میں کب غیرت سے آنکھ اُٹھی
راہ میں دونوں سمت کھڑے تھے اہلِ کرم خیرات لئے

۱۳۱

ہر ادائے لطف اسکی جاوداں سمجھا تھا میں
جان لے لے گا تغافل یہ کہاں سمجھا تھا میں

درد وہ دُکھتی رگوں کا کر گیا کچھ اور تیز
آج تک جس کو مسیحِ کربِ جاں سمجھا تھا میں

آئینہ احساس دل کا ریزہ ریزہ کر گیا
جس کو ابتک دل نوازِ دوستاں سمجھا تھا میں

وقت پڑنے پہ نہ اس سے رک سکی پل بھر کی دھوپ
عمر بھر سر پہ جسے اک سائباں سمجھا تھا میں

لطف پر اک مہرباں کے زندہ رہنا عمر بھر
موت سے ہونا ہے بدتر یہ کہاں سمجھا تھا میں

روح پر چنگاریاں برسا کے رخصت ہو گئی
حسن کی وہ موج جسکو گلفشاں سمجھا تھا میں

ٹوٹ جائے گا ذرا سی بات سے برسوں کا ربط
حالِ دل کہنے سے پہلے یہ کہاں سمجھا تھا میں

گونج اٹھی زندہ دلوں میں بن کے نغموں کی صدا
وہ خموشی جس کو محرومِ زباں سمجھا تھا میں

کیا خبر تھی چھوڑ کے منجھدار میں اڑ جائے گا
کشتیِ ہستی کا جس کو بادباں سمجھا تھا میں

روح میں بھڑکا گیا وہ آگ محرومی کی رازؔ
جسکو آمرزش کا اک ابرِ رواں سمجھا تھا میں

۱۳۲

نفس نفس مجھے اُن کا، اُنہیں مرا غم ہے
دلوں پہ ایک محبت کی چوٹ کیا کم ہے

نہ جانے تا بہ سحر دل پہ آج کیا گزرے
مزاجِ دوست سرِ شام ہی سے برہم ہے

دل آج ایسے مراحل میں ہے کہ یاد نہیں
وصالِ دوست ہے کیا؟ ہجر کیسا عالم ہے

تلاشِ عشرتِ موہوم کر نہ اے ناداں
جہانِ زیست میں ہر سانس غم کا ماتم ہے

چمن چمن مری محرومیٔ نظر توبہ
گلوں میں رنگِ بہاراں نہ رقصِ شبنم ہے

ہزار طرح سے مٹنے کو چاہتا ہے دل
تری نظر میں وہ جذب و کشش کا عالم ہے

بہ غور رازؔ کے شعروں کے زیر و بم میں سُن
ترے چھنکتے ہوئے گھنگروں کا عالم ہے

مٹا ڈالے نہ غفلت باغباں کی
خزاں میں آبرو ہوں گلستاں کی

مرے باغِ سخن کی ہر روش پر
کھنک ہے نغمۂ برگِ خزاں کی

ابھی سے سسکیاں بھرنے لگے تم
ابھی تو ابتدا ہے داستاں کی

قفس میں کٹ گئی عمرِ بہاراں
کبھی صورت نہ دیکھی آشیاں کی

مجھے اک جرم سا لگنے لگی ہے
تری محفل میں خاموشی زباں کی

قیاس آرائیاں بے سود ہیں سب
یہ گہرائی ہے میرے زخمِ جاں کی

عطا کرنا قریبِ مرگ خلعت
روایت ہے مرے ہندوستاں کی

مجھے ہر دور میں سنتے رہو گے
میں دھڑکن ہوں دلِ ہر نوجواں کی

مری آواز میں شامل ہے اے راز
صدا بڑھتے ہوئے اک کارواں کی

۱۳۴

اہلِ دِل جس کو فنا اور نہ بقا کہتے ہیں
زندہ رہنے کے اِس اَنداز کو کیا کہتے ہیں

ذکر اُس شوخ سے کرتا ہے کوئی جب میرا
رُخ پہ آجاتا ہے اِک رنگِ حیا کہتے ہیں

خاک اُس شخص نے مجھ ہی کو کیا ہے جسکو
شعلہ رُو، شعلہ نظر، شعلہ نوا کہتے ہیں

لمحہ بھر عشق پہ اپنے ذرا ہنس کر ہنس لیں
گریۂ ہجر ہے قسمت میں لکھا کہتے ہیں

وہی سنتا نہیں فریاد ہماری اَے دل
ہم جسے اپنی محبت کا خدا کہتے ہیں

نہ رہ و رسم ہے جس سے نہ دعا اور نہ سلام
پھر بھی احباب مجھے اُس پہ فِدا کہتے ہیں

بے تکلف جو سما جائے نِگاہ و دل میں
ہم فقط اُس کو محبت کی اَدا کہتے ہیں

کتنے بے دین ہیں مت پُوچھ عوامِ محکم
ہر نئے دَور کے حاکم کو خدا کہتے ہیں

خاص اَپنوں میں بھی ہونے ہیں کچھ ایسے بدخواہ
دل سے چاہیں جو بُرا مُنہ پہ بھلا کہتے ہیں

دِل کی آواز ہے اَب رُوح کا نوحہ اے رازؔ
جانے کیوں لوگ مجھے نغمہ سرا کہتے ہیں

راکھ ہوئے سب چاند ستارے سورج بھی بے نُور ہُوا
دل میں ہمارے رہ کر برسوں جب وہ نظر سے دُور ہُوا

پُوچھ نہ دل کا حال ہوا کیا پوچھ نہ جاں پر کیا گزُری
جَب کوئی آنکھوں میں بَس کر آنکھوں سے مستُور ہُوا

زیست کی راہ میں کھا کے شکستیں عزم نہ ہارا جینے کا
موت سے ٹکّر لینے کو دِل جینے پر مجبُور ہُوا

بُجھتے ہی اِک شمع تمنّا پھیل گئی تھی تاریکی
ایک چراغِ نَو جلتے ہی ہر منظر پُر نُور ہُوا

ہائے رے وہ ہنگامِ جُدائی ہائے رے وہ معصُوم نظر
رازؔ کچھ ایسی ٹھیس لگی اِس دِل کا شیشہ چُور ہُوا

دو شعر

مرا دل نہ پھر بجھادے کوئی موجِ بادِ طوُفاں
کبھی ایک ساتھ رُک کر کبھی تیز تیز چل کے

مِری پا شکستگی کی خبر اُن کو رازؔ کیا ہو
نظر آ گئی ہے منزل جنہیں دو ہی گام چل کے

مجھ میں پنہاں کوئی نغمہ ساز یہ کیا کر گیا
ہستیٔ خاموش کو سرمستِ نغمہ کر گیا

شہر میں جب تک تھا وہ، قائم تھی میری آبرو
شہر اُس کا چھوڑ جانا مجھ کو رسوا کر گیا

بستیوں سے ہو کے گزرا جب وہ جھونکا حُسن کا
باز ہر اک قصرِ زرّیں کا دریچہ کر گیا

دل سے کھلتی دھوپ کی صورت ترا ہنستا خیال
جب گیا، میری نگاہوں میں اندھیرا کر گیا

آنکھ ہر لمحہ نیا جلوہ طلب کرنے لگی
دل میں پیدا کوئی وہ ذوقِ تماشا کر گیا

بن گیا حیرت کی سر سے پاؤں تک تصویر میں
اک جھلک ہی میں وہ مجھ پر سحر ایسا کر گیا

غیب کی تحریر بھی ہم بے جھجک پڑھنے لگے
نور آنکھوں میں تجسّس ایسا پیدا کر گیا

چھپتے ہی میری نظر سے وہ شبِ ہجراں کا چاند
عالمِ خلوت میں مجھکو اور تنہا کر گیا

اک عبادت گاہِ عالم بن گیا ہر وہ مقام
شوقِ وحدت میں جہاں بھی راز سجدہ کر گیا

آنکھوں میں اُس کرن کے چھپی وہ زبان ہے
ہر روشنیِ دہر کی جو ترجمان ہے

کیوں عشق کا گماں تجھے اے مہربان ہے
پہلو میں اب نہ دل ہے، نہ دِل کا گمان ہے

مُدّت سے آرزو کوئی دستک یہ دَر نہیں
دِل زندگی کے شہر میں سُونا مکان ہے

محسوس ہو رہا ہے ترے اِلتفات سے
تو مہربان ہے تو خُدا مہربان ہے

از فرش تا بہ عرش فضا ہے لہو لہو
یہ کس پرندِ شوق کی بِسمل اُڑان ہے

آسُودگی کی دُھوپ ہو محسوس کِس طرح
محرومیوں کا سَر پہ گھنا سائبان ہے

زندہ ہیں ذوقِ کار سے ہم ورنہ ہر نفَس
اِس زندگی پہ موت کا کیا کیا گمان ہے

دلو جسم ایک جان نہیں رہ کے پاس پاس
اِک پردۂ لطیف ابھی درمیان ہے

باغِ سخن میں حضرتِ مضطر کے فیض سے
موجِ بہارِ حُسن سے مہکی زبان ہے

باغباں داد ترے جَور کی کیا دی جائے
ہر طرف خاکِ نشیمن کی اُڑا دی جائے

نُور پر جس کے گزرتا ہو گماں ظلمت کا
کیوں نہ وہ شمع سرِ بزم بجھا دی جائے

صُورتیں دیکھ کے حیراں ہے نگاہِ منصف
کون مجرم نہیں کس کس کو سزا دی جائے

آج قاتل کو سزا دینے میں ہے خوف اگر
کیوں نہ پھر قوم ہی سُولی پہ چڑھا دی جائے

دورِ قاتل ہے یہ سر دینے کو تیار رہو
سرفروشوں میں منادی یہ کرا دی جائے

نوحۂ وقت ہے ہر تار میں سازِ دل کے
نغمۂ زیست کی دُھن کیسے سُنا دی جائے

کوئی بھی جنگ شکن ڈال نہ پائے جس پر
ایسی چادر تنِ ہستی پہ اوڑھا دی جائے

پھر کوئی یاد دلا دے مرا ماضی اے رازؔ
آج پھر عمرِ گزشتہ کو صدا دی جائے

مشکل نظر آتا ہے علاجِ غمِ دوراں
ہر سانس میں ہیں شعلہ فشاں درد کی صدیاں

ہر دل میں ہے اک درد نہیں درد کا درماں
اب دیکھئے دکھلاتی ہے کیا گردشِ دوراں

ہر موج سے شبنم کی ابھرتے ہیں شرارے
لگتا ہے چمن موسمِ گل میں بھی بیاباں

شعلوں کی لپٹ میں تنِ مفلس ہے ابھی تک
ہر گام پہ ہر موڑ پہ ہر راہ میں عریاں

بڑھتی ہوئی ظلمت نہ کہیں تم کو نگل جائے
ہر قطرۂ خوں سے کرو اک شمع فروزاں

کیوں دیدۂ پیری کے لئے بن گئی نشتر
آرائشِ رخسار و لب و چشمِ نگاراں

تم کشتیِ کاغذ نہ ابھی لے کے اترنا
ہر ذہن میں آتش کا سمندر ہے خروشاں

ہم جس کو سمجھتے ہیں نشاں حسنِ بقا کا
وہ نوک پہ کانٹوں کی ہے اک قطرۂ لرزاں

ہوتے ہی کھنک بربطِ احساس میں اے راز
ہر تارِ رگِ جاں مرا ہوتا ہے غزل خواں

دِل جو کہے کر یہ مت سُن
پاپ بُرا یا نیک ہے پُن

کوئی گرہ بھی کھُل نہ سکی
ٹوٹ گئے سارے ناخُن

کب تک سبز رہے گا باغ
ہر پتّے کو لگتا ہے گھُن

دُنیا کیسے قدر کرے
مجھ میں کہاں دُنیا کے گُن

باندھ سکوں لفظوں میں کاش
بر ربطِ دِل سے نکلی دُھن

دِن میں ذہن کا کہنا مان
دل کی حکایت رات میں سُن

شاخِ چمن سے ہر دم رازؔ
زخم نُما کلیوں کو چُن

دو شعر

آنکھوں میں اِک چراغ ہے ہر زخمِ زندگی
کیونکر لگائیں دِل تری بے چہرگی سے ہم
اے رازؔ قلب و ذہن کی یہ بڑھتی کشمکش
نالاں ہیں عصرِ حال کی آشودگی سے ہم

رات کسی کی مسرت نظر نے ایسی مستی طاری کی
دیدۂ و دل میں ناچ اُٹھی اِک کیفیت سرشاری کی

ہائے میں کیسے لاج اب رکھوں عشق کی پردہ داری کی
رُوح بدن سے بھاگ رہی ہے حالت ہے بیزاری کی

نکہت و نور کا ایک بھنور سا پڑتا ہے سانسوں میں ابھی
یاد جب آجاتی ہے دِل کو جانِ اُس موجِ بہاری کی

ایک جنم کے بعد سُلگتے اشک ہی جب رُخ پر دیکھے
پھرتی رہی ہے نظروں میں تیری صورت لاچاری کی

فتنے جگا کر دِل میں شب بھر میٹھی نیند سُلاتی تھی
نیند بھری اُن آنکھوں میں اِک کیفیت بیداری کی

پُوچھ نہ ہمدم کس عالم میں ہم نے کاٹے ماہ و سال
عشق رہا مجبور ہمیشہ حُسن نے خود مختاری کی

عشق کے بندے رازِ سیاست کیا جانیں، ہے اتنا یاد
اپنوں نے مغموم کیا اور غیروں نے غم خواری کی

پا کے سیاسی آزادی بھی اب تک ہم زندانی ہیں
جسم و جاں کو جکڑے ہوئے ہیں زنجیریں زرداری کی

حُسن پرستی، رِندی و مستی جب سے چھائی شعروں پر
محفل محفل شہرت پھیلی راز کی خوش گفتاری کی

پُرسش اَے چشمِ غمگسار نہ کر
دِل کو رہ رہ کے اشکبار نہ کر

آبلہ پائی ہے حیات مری
میری راہوں سے دُور خار نہ کر

یہ خدا پر بھی حرف رکھتے ہیں
نُکتہ چینیوں سے دلفگار نہ کر

دمِ رُخصت بہت رُلائے گی
زندگی سے تُو اِتنا پیار نہ کر

اَے صبا کِھل اُٹھیں گے زخمِ دل
ہم سے تُو ذکرِ نو بہار نہ کر

میں بھی تیرا خدا نہیں، تُو بھی
روشِ کُفر اختیار نہ کر

اپنی خود کردگی دکھانے کو
حادثوں پر ہی اِنحصار نہ کر

دامنِ گُل رُخاں میں پھول بھی ہیں
سنگ ہی کا تُو انتظار نہ کر

بارِ احساں سے مَر نہ جاؤں کہیں
ہر نفس لُطفِ بے شمار نہ کر

تُو جسے دیکھ کر تڑپ اُٹھے
وہ ستم اَے ستم شعار نہ کر

تو نہ گِن پائے گا انہیں تا عمر
راز کے زخمِ دل شمار نہ کر

جب کوئی ماضی کے افسانے کو دہرا جائے ہے
حال و مستقبل بھی اپنا سامنے آجائے ہے

ہے اسی تامل سے تکمیلِ تمنا کی امید
ہر تمنا کہ جو دل کی خون کرتا جائے ہے

مثلِ تنکوں کے بہے جاتے ہیں ہستی کے ستوں
وقت کے سیلِ رواں میں کس سے ٹھہرا جائے ہے

مانگتا پھرتا تھا کل ذرّوں سے جو کرنوں کی بھیک
صورتِ ظلمت وہ اب ہر سمت پھیلا جائے ہے

اک زمانہ ہو گیا ترکِ تعلق کو مگر
کوئی زنجیرِ درِ دل اب بھی کھڑکا جائے ہے

آج کے خورشید کی ٹھٹھری ہوئی سی دھوپ میں
دوپہر کے وقت بھی ہر سایہ پھیلا جائے ہے

زلف کی شب عارضوں کی چاندنی آنکھوں کی مے
دل کو اس کی یاد کس کس طرح تڑپا جائے ہے

آسماں سر پر اٹھا لیتا ہے وہ قتالِ شہر
جب کبھی اس کے بدن پر اک خراش آجائے ہے

کھا کر شکستِ قلب شکن بھی کسی سے ہم
کرتے رہے مذاق بڑی خوش دلی سے ہم

اے دل ہو خوش کہ جاگ اُٹھا جذبۂ خودی
سجدہ بھی اب کریں گے اُنہیں ہمسری سے ہم

داغوں سے اپنے دل کے اُبھاریں گے آفتاب
لیں گے نہ اک کرن بھی کسی روشنی سے ہم

چمکیں گے آسمانِ محبت پہ جلد ہی
اُبھریں گے دورِ حال کی ہر تیرگی سے ہم

ہر سانس آج تک ہے ہمارا دُھواں دُھواں
سُلگے ہوئے ہیں سوزِ غمِ عاشقی سے ہم

پروانہ وار پاس کیا آئے سُلگ اُٹھے
اے شمعِ زندگی تری افسردگی سے ہم

دریا میں ڈوب کر بھی کنارے پہ آ گئے
کانوں میں تیری گونجتی آواز ہی سے ہم

اِک سمت راہِ عشق ہے اِک سمت راہِ فرض
کس سمت جائیں پوچھ رہے ہیں یہ جی سے ہم

ہم پر لگائی کبر کی تہمت اُسی نے رازؔ
آئے تھے پیش جس سے بڑی عاجزی سے ہم

نہ رہا کہنہ غمِ زیست کا عنواں کوئی
نئے انداز سے ہو کیوں نہ غزلخواں کوئی

اب اِس احساس سے ہر غم میں ہے شاداں کوئی
نہ رہا دہر میں احوال کا پرساں کوئی

پھول کھِلتے ہیں نہ چلتی ہے کبھی جس میں شمیم
ایسے صحرا کو بھی کہتا ہے گلستاں کوئی

عافیت سوز بنی جاتی ہے ایک ایک کرن
کب تک اِس نورِ سحر سے نہ ہو نالاں کوئی

عصرِ حاضر کی سیاست ہے عجب کفر انگیز
نظر آتا ہی نہیں صاحبِ ایماں کوئی

جن پہ وارفتگیِ عشق رقم تھی میری
کاش چُن لیتا وہ اوراقِ پریشاں کوئی

تشنگی بادہ کشوں کی بنی تپتا صحرا
جب بھی تبدیل ہوا ساقیِ دوراں کوئی

دعوتِ شوق دی اُس شوخ نے اُس وقت اے رازؔ
نہ رہا قلب میں جب زیست کا ارماں کوئی

ہم کریں کیسے بیانِ زندگی
وہ نظر ہے اِک جہانِ زندگی

موت کی یورش سے جو مٹتے نہیں
ہم ہیں وہ محکم نشانِ زندگی

جن کے پیچھے گردشِ ایام ہے
ہم ہیں وہ آوارگانِ زندگی

مُنہ چھپائے ہم سے پھرتی ہے بہار
کیا یہی ہے گُلستانِ زندگی؟

باغ میں جن پر گُلوں کو ناز ہے
ہم وہی ہیں بُلبُلانِ زندگی

دِل کی دھڑکن ہے مرے ہر شعر میں
ہر غزل ہے ترجمانِ زندگی

بزمِ خلوت میں مری کچھ آج تک
نغمہ زن ہیں دِلبرانِ زندگی

دار کے تختے پہ بھی ہنستے رہے
ہم سے کچھ صاحب دلانِ زندگی

ایک اِک قطرہ تلاطم خیز ہے
اُف یہ بحرِ بیکرانِ زندگی

بیخودی میں بھی ہے دو عالم کا ہوش
رشک کر ہم پر اے جانِ زندگی

آنکھ دو عالم کی بھر آئے گی راز
چھیڑ تو دوں داستانِ زندگی

پُرسانِ حال ہے نہ کوئی چارہ ساز ہے
اَب تو ترا خیال ہی راحت نواز ہے

دھڑکن ہر ایک نغمۂ سوز و گداز ہے
یہ دل نہیں ہے تیری محبت کا ساز ہے

دن رات جس کی دُھن پہ تھرکتی ہے کائنات
پنہاں وہ میری رُوح میں نغمہ طراز ہے

دل جُھومتا ہے سُن کے جسے سامعین کا
میری نوائے غم میں وہ عِشرت کا ساز ہے

ایک ایک اَدا میں شعر کے عُنواں ہیں سیکڑوں
نیرنگیِ کشش تری شاعر نواز ہے

کِھلنے لگا تھا جو تری پلکوں کی چھاؤں میں
وہ غنچۂ آرزو کا ابھی نیم باز ہے

اِک ایک کر کے بھولتے جاتے ہیں ہم سفر
یہ راہِ زندگی ابھی کتنی دراز ہے

تم بند کر گئے تھے کسی زعم میں جسے
وہ دِل کا در تمہارے لئے اَب بھی باز ہے

کلیوں نے مل کے رازؔ سے پوچھا یہ ایک دن
کِس پھول کی تپش سے ترا دل گداز ہے

ترقی کی طلب اِنسان کو کس سمت لے آئی
کہ دِل ہر کفرِ ممکن کا ہوا جاتا ہے شیدائی

مری چشمِ تصور تر ہے مستقبل کے منظر سے
نمایاں فطرتِ انساں کی ہے ہر سمت ناگزائی

میں آنسو بن کے بھی ہنستا رہا دُنیا کی آنکھوں میں
شعورِ غم میں تھا میرے وہ اندازِ دِل آسائی

مری آواز اپنے ساتھ اُڑا کے لے گئی دِل کو
غموں کو جب بھلانے کے لئے کی نغمہ پیرائی

مُسلسل بڑھتی جاتی ہے گھٹن باغِ تمدن میں
نفس کے زور پر کب تک کروں گا مَیں خُود افزائی

نظر آئے گی میرے گلستانِ شعر میں خنداں
گلوں کے بانکپن کی گود میں کلیوں کی برنائی

ترا احساس ہی اَے رازؔ مجروحِ بہاراں تھا
شگفتِ گل سے بھی خوشبو مہکتے زخم کی آئی

اشعار

کسی کے عشق میں دِل کا عجیب ہے عالم
کبھی خضر ہے کبھی گُل ہے اور کبھی شبنم

تری نظر نے جنُوں کے بدل دیئے تیور
کچھ اِن دنوں تو مجھے خُود پہ اعتماد ہے کم

لب پر گیت مژہ پر آنسو بن کر آ
مجھ میں چھپے اے شاعر کبھی تو باہر آ

مجھے جو زندہ رکھے اپنی موجوں میں
شوق کا وہ لافانی دریا بن کر آ

چھپے گا کب تک خوابوں کی تنویروں میں
دل و نظر کے پیش حقیقی منظر آ

روح مری اک پیاس کا تپتا صحرا ہے
پیاس بجھانے سرشاری کے ساگر آ

اپنی شعاعِ نور سے پسپا کر دوں گا
آ میری جانب اے ظلمت پرور آ

جسم و جاں کے روزن و در ہیں کھلے ہوئے
کبھی تو تازہ ہوا کا جھونکا بن کر آ

نئی غزل کے باغ کا ننھا سا گل ہوں
میرا رنگ پرکھنے اے دیدہ ور آ

شعر

فقط تڑپ ہی مری زیست کا مقدر تھی
غموں کی آگ پہ قطرے کی شکل دل پایا

جس میں ہے سوز و گدازِ عاشقی
میں ہوں وہ آوازِ سازِ زندگی

رشتے ہیں اغراض پر مبنی، تجھے
کیوں ہے اُن سے بے غرض وابستگی

دل میں کیا کیا بھر گئی بے چینیاں
اِک نفی جنبش لبِ اظہار کی

اِک دکھاوا ہے فقط، ہنسنا مِرا
سسکیاں بھرتی ہے مجھ میں زندگی

دیکھ اِن گلہائے رنگا رنگ میں
ہے کچھ افزائش بہارِ اشک کی

زندگی کا مدّعا کچھ اور ہے
سانس لینا ہی نہیں ہے زندگی

مل گیا ساگر میں دریا کی طرح
پھر بھی چھب باقی ہے تیرے رُوپ کی

اُس نے بخشی ہیں تجھے سب نعمتیں
مرتبہ پہچان اپنا آدمی

عظمتِ ہستی وہی سمجھے گا رازؔ
چوٹ جو کھائے گا دل پر عشق کی

مچل رہی ہے تصور میں اُس پیام کی یاد
نگاہِ شوق ترے اوّلیں سلام کی یاد

وہ ہمکلام ہمیں ہو کر چلے گئے لیکن
ہمیں نہ آئی بہت دیر اُن کے نام کی یاد

دھڑکنے لگتا ہے تیزی سے خود بخود یہ دل
کبھی جب آتی ہے دِل کو ترے خرام کی یاد

طویل عمر بھی دل ہے نہیں بھلا پائی
تری نگاہ کے اِک مختصر پیام کی یاد

بس اِتنا یاد ہے اُن سے جُدا ہوئے تھے کبھی
نہیں ہے آج کسی منزل و مقام کی یاد

کسی بہار کی جب سے کھلی ہے دوش پہ زُلف
مہک رہی ہے شب و روز ایک شام کی یاد

جو تیری بزم میں سیکھے تھے بیٹھ کر اِک عُمر
بھلاؤں کیسے اُن آداب و احترام کی یاد

نشے میں بادۂ فانی کے جب بھی ڈوبا میں
تری نظر نے دِلا دی مئے دوام کی یاد

جو گُل کِھلا نہ سکا باغ میں خرامِ بہار
وہ گُل کِھلاتی رہی دل میں تیرے نام کی یاد

اے وفا تو نے سکھایا وہ قرینہ اپنا
مُعتبر بن گیا ہر دَور میں جینا اپنا

جسے کر سکتی تھی مِسمار ہوا کی اِک مَوج
ہم نے رکھا اسی دیوار پہ زینہ اپنا

پانی پانی لبِ ساحل ہیں حریفوں کے ہجُوم
تاج ہر مَوج کے سر پر ہے سفینہ اپنا

کاش اڑ جائیں سُبک نکہتِ گُل کی صُورت
طبعِ گُلشن پہ گراں گزرے نہ جینا اپنا

مصلحت کچھ تو ہے ہم سے کئی میکش ساقی
آئے دن کل پہ اُٹھا رکھتے ہیں پینا اپنا

دُوری و یاس کا ماتم نہ کرو ہم سفرو
آ لگا آس کے ساحل پہ سفینہ اپنا

روضۂ پاک کا پیغام ہے ایک ایک نفس
دِل میں آباد ہے اے رازؔ مدینہ اپنا

۱۵۳

نظمِ حاضر کا بدلتا ہوا انداز ہیں ہم
غور سے سُن کہ نئے دور کی آواز ہیں ہم

جانے کب پہنچے گی انجام کو تہذیبِ بشر
بعد صدیوں کے بھی آغاز ہی آغاز ہیں ہم

بجتی رہتی ہے نئے گیت کی سرگم دل میں
بے نوائی میں بھی بجتا ہوا اک ساز ہیں ہم

ہدیۂ گوشِ سماعت ہی کوئی پیش کرے
کربِ تخلیق میں ڈوبی ہوئی آواز ہیں ہم

دہر کے دل میں اترتا ہے جو نشتر کی طرح
لبِ فطرت کا وہی نغمۂ اعجاز ہیں ہم

رات دن کھلتے ہیں اسرارِ دو عالم ہم سے
اپنے عالم میں مگر آج بھی اک راز ہیں ہم

شعر

مجھے ہوا ہے یہ خلوت میں بارہا محسوس
ترے بغیر مکمل مری حیات نہیں

۱۵۴

بخش دے گھر ہی میں اعزازِ سخندانی مجھے
کو بکو رسوا نہ کر شوقِ غزل خوانی مجھے

میری ترتیبِ عناصر کو عطا کر اعتدال
ایک عنصر کی بھی چبھتی ہے فراوانی مجھے

ضبطِ اشک و آہ سے پیدا ہوا وہ جزر و مد
ہر نفس لگنے لگا ہے موجِ طوفانی مجھے

سنگِ دستِ دوستاں تو ریزہ ریزہ ہو گئے
دیکھئے اب کیا دکھاتی ہے گراں جانی مجھے

ہر شعاعِ نور سے روشن ہو جس کے ایک یگ
بخش دے وہ آفتابِ عمرِ لافانی مجھے

اشعار

تلاشِ دوست میں کھویا رہا ہوں میں کہاں برسوں
رہے ہیں منتظر میرے مکان و لامکاں برسوں

اسی تہذیب کی پستی پہ نم ہیں رازؔ کی آنکھیں
جسے سمجھا کیا معراجِ آدم اک جہاں برسوں

ذہن پر پڑ گیا وہ عکسِ بہار
فکر کے غنچے بن گئے گُلزار

ہر نفس موجِ نشۂ صہبا
زندگی ایک ساغرِ سرشار

دُور تک کشتیاں بھٹکتی ہیں
گُل ہیں ساگر میں نُور کے مینار

تیز آندھی سے اُڑ نہ جائے کہیں
راہ چلیے سنبھال کر دستار

ہر طرف ظلمتوں کا طوفاں ہے
بجھ نہ جائے چراغِ جسمِ نزار

خارشِ خارِ غم وہ کیا جانے
جس نے پہنے گُلِ نشاط کے ہار

اِک نئی آگ ہے لئے دَر پر
قریہ و شہر کیا تمام دیار

کہہ کے آسودہ حال طنز نہ کر
مَیں ہُوں اپنی حیات سے بیزار

نغمۂ برگِ منتشر نہ کہو
میں ہوں پت جھڑ کے پاؤں کی جھنکار

آسماں پر بہ شکلِ نجم سہی
رازؔ ہے تیری خاکِ پا کا غبار

ہم پہنچ ہی گئے اُن تک دلِ دیوانہ لئے
دیکھتے رہ گئے سب عزمِ رقیبانہ لئے
میری آنکھوں کو یقیں ہے کہ ضرور آئے گی
کوئی ساعت ترے دیدار کا نذرانہ لئے
دُور رہ کر بھی تری بزم سے اَے شمعِ جمال
رات دن جلتا ہُوں سوزِ دلِ پروانہ لئے
نشۂ عشق میں غرقِ رُخِ نگارِ عالم
ہم قدم ہے مرا ساتھ لغزشِ مستانہ لئے
اِک قیامت سی گزر جاتی ہے دل پر اَے راز
جب بھی ملتے ہیں وہ آنکھوں میں اِک افسانہ لئے

اشعار

سجا رہا ہوں بدن جس سے شاہدِ فن کا
وہ میری فکر کا زیور تو مستعار نہیں

مری نگاہ مجھے دیکھتی ہے حسرت سے
کوئی بھی شاخِ عمل میری سایہ دار نہیں

چمن میں ہائے یہ کیسا اُٹھا ہے ابرِ بہار
گلوں کے سر پہ ذرا سایۂ بہار نہیں

اَے سحابِ وقت مجھ کو دیکھ کر ٹھہرا نہ کر
دھوپ سَر پر دائمی ہے عارضی سَایہ نہ کر

عاشقی شائستگی درازداری کا ہے نام
خُود بھی بے پَردا نہ ہو، مجھکو بھی بے پَردا نہ کر

زندہ رہنا مُہلتِ اِمروز میں ہے زندگی
دوش و فردا کا مآل اَے بے خبر سوچا نہ کر

فائق منزل ہے تو، رکھ اپنی ہمت پر یقیں
راستے میں نقشِ پائے رہ نما ڈھونڈا نہ کر

سادگی پر میں تری سَو جان سے قُربان ہوں
یوں بہ اندازِ تصنع سَامنے آیا نہ کر

باد کے ہاتھوں میں کچھ کنکر ہیں دشت و کوہ کے
نرم مٹی سے اُگے اَے نخل سَر اُونچا نہ کر

دھڑکنوں کے زیر و بم سے راز ہو جاتے ہیں فاش
اَے دلِ بیتاب اِس اَنداز سے دھڑکا نہ کر

آنکھوں آنکھوں میں بیاں کر ہر حقیقت راز کی
کان دیواروں کے بھی ہوتے ہیں لَب کھولا نہ کر

کسی سے کیسے کہے کوئی ماجرا دِل کا
تمام شہر پہ پہرہ ہے چشمِ قاتل کا
نہ کوئی راہ نُما تھا نہ کوئی جادہ شناس
ملا سُراغ ترے نقشِ پا سے منزل کا
ہزار عقدے تھے لیکن کسی کی نظروں نے
کیا تلاش نیا حل مرے مسائل کا
کسی نشاں پہ نظر تھی نہ پیچ و خم کا خیال
گزر گیا رہِ منزل سے کارواں دِل کا
ضرور پگھلیں گے یہ آہنی دَر و دیوار
قفس گداز ہے نغمہ مری سلاسل کا
مجھے تو موجِ تلاطم ہے زندگی کا پیام
خیال بھی مرے دل پر گراں ہے ساحل کا
ہُوا ہے تجھ پہ مرا حالِ دل عیاں کیونکر
تری نظر تو نہیں آئینہ مرے دل کا

دو شعر

خوابِ بہارِ تازہ سے دل ہرا بے نیاز کر
گلشنِ زیست میں مرے آنہ سکے بہار اگر
پھر کسی شوخ نے دیا دل کو فریبِ آرزو
ہوگیا آہ پھر طویل دورِ حیاتِ مختصر

۱۵۷

موت سے یہ نقشِ ہستی اُن مِٹا رہ جائے گا
کچھ دِلوں میں میرا رنگِ فن رچا رہ جائے گا

حُسنِ رنگا رنگ کی نکہت کا اِک جھونکا ہُوں میں
چال میری ایک عالم دیکھتا رہ جائے گا

آنکھ والوں کی زباں ہی دیگی ان کو دادِ حُسن
بے زباں آئینہ ان کو دیکھتا رہ جائے گا

شہر میں مردہ پرستوں کے مجھے مرنے تو دے
تو مرا بُت دیکھ کر خود بُت بنا رہ جائے گا

خواہشوں کی آگ سے جُھلسے ہوئے جسموں کا کرب
دیکھکر دنیا سے کس کا دل لگا رہ جائے گا

آنسوؤں کے سوت سے اشعار کا چشمہ نکال
ورنہ ریگِ غم سے تو بنجر بنا رہ جائے گا

اپنی خوشیاں غمزدوں میں بے جھجک تو بانٹ دے
پھر بھی خوشیوں سے تیرا دامن بھرا رہ جائے گا

آنکھ والوں نے اگر ڈالی نہ اس جانب نظر
کنکروں کے ڈھیر میں ہیرا چھپا رہ جائے گا

تجھ کو پاکر بھی تجھے پانے کی حسرت کا ضرور
کوئی کانٹا رازؔ کے دِل میں چُبھا رہ جائے گا

رہا نہ خوف ہمیں جان سے گزرنے کا
سلیقہ آگیا انساں سے پیار کرنے کا

اِک اِک ادائے محبت پہ سینکڑوں جاں سے
سکھا گیا ہمیں انداز کوئی مرنے کا

زہے نصیب نہیں زیست کی اُداسی میں
خیال تو ہُوا خوشیوں کے رنگ بھرنے کا

فصیلِ وقت میں ابتک درِ زیارت ہوں
نظارہ دیکھ لے، کچھ میرے کر گزرنے کا

دُھواں دُھواں نظر آتی ہے اپنی پرچھائیں
عجیب کرب ہے بِن آگ جل کے مرنے کا

رفیقو آگے بڑھو، ہاتھ سے یہ مشعل لو
مقام آگیا میرے قیام کرنے کا

جواں ہُوا ہوں میں دریا کی گود میں پل کر
ہے مجھ میں حوصلہ طوفاں سے چھیڑ کرنے کا

دِن بہاراں میں خزاں کے آ گئے
غنچے اَرمانوں کے سب مُرجھا گئے

میکدے پر اَب بہار آئے تو کیا
ہم تو جامِ زندگی چھلکا گئے

غم کے جھونکے تھے کہ طُوفانِ بَلا
بُجھ گیا دل اور اندھیرے چھا گئے

ہم لبِ ساحل ہی بحرِ شوق میں
موجِ طُوفاں خیز سے ٹکرا گئے

کیف افزا بن گئیں ناکامیاں
غمِ محبت کے ہمیں راس آ گئے

کس کشش سے اس چمن کے پاسباں
دُشمنوں کی صَف میں کھنچ کر آ گئے

رازؔ نے نظروں سے بھیجا تھا سلام
آپ کے ماتھے پہ کیوں بَل آ گئے

قطعہ

غمِ حبیب بھی کم جاں گزار نہ تھا لیکن
غمِ زمانہ کے مارے کبھی نہ جی پائے
عجیب مرحلۂ جبرِ عشق ہے اے کاش
دلِ آرزو سے ترا بے نیاز ہو جائے

مکینِ فرش نے جب عرش پر قیام کیا
نظر جھکا کے مہ و مہر نے سلام کیا
یہ معجزہ ہے نئے دور کے پیمبر کا
کہ خاکِ فرش کو تاروں سے ہمکلام کیا
توہمات کے آنکھوں سے اٹھ گئے پردے
نئے شعور نے قائم نیا نظام کیا
نجات مل نہ سکی دل کو فکرِ فردا سے
دماغ و دل کا لہو اس نے صبح و شام کیا
میں عصرِ نو کی حقیقت کا معترف تھا رازؔ
اسی لئے تو تغیر کا احترام کیا

اشعار

وصال و ہجر کے چہروں سے اٹھ رہی ہے نقاب
بصد خلوص گلے مل رہے ہیں شام و سحر
شبِ فراق کے آنسو نہیں تو پھر کیا ہیں
گلوں کے رخ پہ یہ بکھرے ہوئے حسین گہر
کہاں تھی فرصتِ ہستی جو جستجو کرتے
ترے خیال ہی میں ہو گئی ہے عمر بسر

احساس کا جو شہر تھا دل میں بسا ہوا
کاغذ پہ ہم نے رنگِ سخن سے سجا دیا

ہونٹوں سے چشمے شعر کے جاری رہے مدام
وجدانِ شوق کا کوئی مرکز بنا رہا

میری صدائے غم پہ جہاں بھر کو رشک ہے
تجھ پر نثار دل دیا تو نے دکھا ہوا

وہ پھول کس سے بانٹتا تنہائیوں کا غم
سوکھے ہوئے شجر پہ جو تنہا کھلا رہا

اے باغباں بتا کہ چمن میں شجر ہرے
ہر زرد رُت میں کیا کوئی پتّا ہرا رہا

ظلمت تمام مٹ گئی ملتے ہی اک نظر
دل میں طلوع عشق کا خورشید کیا ہوا

ایسے اُڑے حواس، زباں کھل نہیں سکی
میرا پتہ مجھی سے کوئی پوچھتا رہا

اُس گُل کو کیا ملی مری شادابیٔ جنوں
صحرا کی دھوپ میں بھی جھلس کر کھلا رہا

اِک اِک کرم پہ ہوں ترے سو جان سے نثار
ہر داغ سے حیات کا دامن بچا رہا

گو بے شمار دولتِ شعر و سخن ملی
محرومیوں سے راز کا دامن بھرا رہا

غافل حقیقتوں سے رکھا اپنے آپ کو
دانستہ وہ فریب دیا اپنے آپ کو

ماحول ایک آن میں اِتنا بدل گیا
میں اَجنبی سا لگنے لگا اپنے آپ کو

وہ اپنے سر کا تاج سمجھتا رہا مجھے
میں خاکسار کہتا رہا اپنے آپ کو

جس پر شکن نہ ڈال سکے وقت کی ہَوا
پہنا رہا ہوں ایسی قبا اپنے آپ کو

دامانِ باغباں کو پکڑ لے نہ وہ لپٹ
غنچوں نے جس سے پھونک لیا اپنے آپ کو

اِک موجِ غم ہلا گئی پل بھر میں اس طرح
برسوں نہ میں سنبھال سکا اپنے آپ کو

پرچھائیوں کے شہر میں رہ کر بھی رازؔ میں
سائے سے کر رہا ہوں جُدا اپنے آپ کو

قطعہ

رازؔ ہے وہ چراغ دلّی کا
جس کو تنہا سُلگتا پاتے ہیں
گوشے گوشے سے گو وطن کے چراغ
مِل کے جشنِ سخن مناتے ہیں،

دل سے ترا اعجازِ تمنا نہیں جاتا
کس طرح کا آنکھوں سے تماشا نہیں جاتا

سرشارِ محبت ہے سراپا مری ہستی
نشّہ تری صہبائے نظر کا نہیں جاتا

خوشیوں کی کبھی دھوپ نکلتی تو ہے لیکن
سر سے غم و آلام کا سایا نہیں جاتا

رہ رہ کے وطن میں جو بھڑک اٹھتی ہے یکدم
اُس آگ کو کیوں ہم سے بجھایا نہیں جاتا

کہتی ہے مرے دل سے وہ چشمِ ادب آموز
گستاخیِ دنیا کو بھلایا نہیں جاتا

اِک وقت تھا شعلوں پہ چلا کرتا تھا بیخوف
شبنم پہ بھی اب پاؤں اٹھایا نہیں جاتا

کیوں ڈھونڈنے جاتے ہو اُسے دیر و حرم میں
وہ دِل کے علاوہ کہیں پایا نہیں جاتا

اے راز سبب ہم سے کیوں آشفتہ سری کا
جب پوچھتا ہے کوئی بتایا نہیں جاتا

جو سر نہ جھکا تھا کسی تلوار کے ڈر سے
قدموں پہ ترے خم ہے محبّت کے اثر سے

ہر برگ میں ہے آج کسی برق کی چشمک
لگتا ہے مجھے خوف اِک اِک شاخِ شجر سے

باقی نہ رہی کوئی تمنّا مرے دل میں
اس طرح ملی میری نظر اُس کی نظر سے

بے جان جیسے جان کے ٹھوکر میں لئے ہو
وہ زیرِ قدم موج گزر جائے گی سر سے

اُجڑے ہوئے گھر سے نہ مٹا پھر بھی اندھیرا
گزرے کئی خورشیدِ جہاں تاب اِدھر سے

ہم فکر کو بخشیں گے نئی صورتِ تحریر
جس وقت بھی گزریں گے زمانے کی نظر سے

کب راہ کی ٹھوکر سے مری کم ہوئی رفتار
ہر گام بڑھا تیز نئے عزمِ سفر سے

بیٹھے ہیں سرِ راہ بچھائے ہوئے آنکھیں
جب سے یہ سُنا ہے کہ وہ گزریں گے اِدھر سے

بیباک سا جھونکا تھا ترا راز چمن میں
کھیلا کبھی غنچوں سے کبھی برق و شرر سے

آئینہ دیکھ کے تونے کبھی سوچا تو نہیں
تیرے چہرے سے مرا رنگ جھلکتا تو نہیں

کان بجتے ہیں مرے تیز ہے دل کی دھڑکن
تم نے چپکے سے کہیں مجھ کو پکارا تو نہیں

غنچہ و گل کی یہ تنویر، یہ ہنگام سحر
جانِ فطرت یہ ترا حُسنِ خود آرا تو نہیں

مجھ کو کھینچے لئے جاتا ہے اُدھر دل اے رازؔ
مہرباں ہو کے کہیں اُس نے بلایا تو نہیں

آنکھوں سے کر گئے وہ کیا پُر فسوں اِشارے
دِل پر برس رہے ہیں، کچھ پھول کچھ شرارے

اے جانِ رنگ و نکہت اب آ بھی جا خدارا
ڈھلنے لگی ہے شب بھی بجھنے لگے ستارے

اب دردِ زندگی کا احساس ان کو ہو گا
لب بند ہیں ہمارے دردِ الم کے مارے

دریائے زندگی کا اے رازؔ کیا بھروسہ
اک موج میں ڈبو دے، اِک موج میں ابھارے

ذات وصفات کا تری راز عیاں نہاں بھی ہے
دِل میں یقیں کی شکل ہے آنکھ میں تو گُماں بھی ہے
وقت کی مصلحت سے کچھ میں ہوں خموش ورنہ آج
خامہ بدست ہی نہیں، مُنہ میں مرے زباں بھی ہے
میرا تجسّسِ حواس مجھ کو بندھا رہا ہے آس
جِسم کے اِس جہاں سے دُور رُوح کا اِک جہاں بھی ہے
جس میں غمِ جہاں فقط صُورتِ یک حُباب ہے
دِل میں وہ تیرا جذبِ شوق قلزمِ بیکراں بھی ہے
وسعتِ عرش و فرش میں عزم و عمل سے آدمی
سمٹے تو ایک ذرّہ ہے پھیلے تو اِک جہاں بھی ہے
راز بہ غور دیکھ تو سر سے بشر کو پاؤں تک
سنگ بھی ہے شرر بھی ہے آگ بھی ہے دُھواں بھی ہے

دو شعر

کمالِ جذبِ محبّت نہیں تو پھر کیا ہے
نظر نظر سے ملے اور بات کہہ جائے
چمن میں جس کے بھڑکنے کا خوف ہے ہر سُو
جلا کے میرا نشیمن وہ آگ بجھ جائے

بڑھا اِک حزب کا پرچم اُٹھا کر کب قدم میرا
رہا کل دہر کی فریاد کا مظہر علم میرا

ہم ایسے کم نظر کو آج دیدہ وَر نہیں کہتے
جو کہتا ہو کہ بس اِک قوم ہی کا غم ہے غم میرا

جہاں پر امتیازِ مذہب و ملت نہیں مطلق
بہر عالم اُسی اِک آستاں پر سر ہے خم میرا!

مٹے جاتے ہیں آپس میں یہ ناداں کیوں شعاعوں پر
چمکتا ہے برابر سب پہ خورشیدِ کرم میرا

مہک انفاس میں جن کی ہمیشہ جانفزا ہوگی
دلِ غمگیں میں ایسے گُل کِھلائے گا الم میرا

ترے غم نے مرے اشکوں کو وہ تاثیر بخشی ہے
کسی صورت نہ ہوگا خشک اَب دامانِ نم میرا

نظر آئے بنا وہ رہبری کی تو نے منزل تک
غلط انداز سے اُٹھا نہ بھولے سے قدم میرا

۱۷۰

حشر اُٹھانے کے سوا کام نہ تھا دل کے پاس
اَب یہ ہنگامۂ خاموش ہے کِس درجہ اُداس

راس آتا ہے نہ جینا، نہ قضا آتی ہے پاس
دِل پہ چلتا ہوا خنجر ہے غموں کا احساس

وقت نے زیر و زبر کر دیئے سارے رشتے
تم نے کِس رشتے پہ رکھی تھی محبّت کی اساس

میرے دل کو کسی اُڑتے ہوئے اَبرِ تر نے
تخمِ اُمید اُگا کر دیا کیا کیا نہ ہراس

ڈبڈبانے لگیں اربابِ نظر کی آنکھیں
زندگی پہن کے نکلی ہے یہ کِس غم کا لباس

اُس نے دن رات نوازا تجھے ہر رحمت سے
کیا کبھی جاگی ترے دل میں تمنّائے سپاس؟

ناگہاں کون تصوّر میں ہوا جلوہ فگن
شمع آنکھوں میں جلی، پھول سے مہکے اَنفاس

عکس آئینے میں دیکھا نہیں جاتا اپنا
کھینچ دیتا ہے مری آنکھیں ترے غم کا قیاس

ہر اَدا پر تری سو جان سے قرباں تھا وہ
زندگی تو نے دیا راز کو کیونکر بَن باس

۱۷۱

یہ جہانِ نغمہ و رنگ بھی نہ سکونِ دل مجھے دے سکا
مرے ذوقِ دید کو چاہیئے نئی صبح و شام نئی فضا

ابھی دُور دُور ہیں جسم و جاں ابھی حسن عشق سے ہے جُدا
ابھی مجھ میں تجھ میں ہے فاصلہ ابھی اور میرے قریب آ

ہے عجیب نشۂ دردِ و غم کہ بہک رہے ہیں مرے قدم
انہی لغزشوں پہ گماں ہے کبھی زیست کا کبھی موت کا

میں اسی خیال میں غرق ہوں شبِ غم کٹے گی تو کس طرح
مری زندگی کا چراغ ہے سرِ شام ہی سے بجھا بجھا

مجھے کیوں نہ ہو تری جستجو مجھے کیوں نہ ہو تری آرزو
رہِ زندگی میں تری طلب مری زندگی کا ہے مدعا

کبھی پا سکا جو ترا نشاں تو ملے گا مجھکو مرا جہاں
میں تری تلاش میں گم رہوں یہ ہے رازؔ میری حیات کا

آپ طوفاں سے کیوں ڈرتے ہیں　　　راہ طوفاں کو ہم دکھاتے ہیں
ہر نظر دِل کی زندگی کے لئے　　　ہم حسیں تر فریب کھاتے ہیں
چھین کر وہ مرے لبوں سے ہنسی　　　مری کیا کیا ہنسی اُڑاتے ہیں
حکمتِ چارہ ساز پر دِل کے　　　زخم کیوں مُسکرائے جاتے ہیں
ہم میں اُن حوصلوں کا جوشِ نمو　　　جو خزاں میں بھی گُل کھلاتے ہیں
اپنی صورت سے ہیں جو ناواقف　　　وہ ہمیں آئینہ دِکھاتے ہیں
ہم ہیں وہ مطربِ حیات اے رازؔ　　　بربطِ مرگ پر جو گاتے ہیں

ق

شغلِ ہر شب ہے نُور افشانی　　　شمعِ احساسِ دِل جلاتے ہیں
سوز و سازِ شعور سے ہم رازؔ　　　بزمِ عالم کو جگمگاتے ہیں

ق

بچ کے اہلِ زمیں کی نظروں سے　　　آسمانوں پہ اُڑتے جاتے ہیں
مانگ ہم اپنے شاہدِ فن کی　　　انجم و ماہ سے سجاتے ہیں

ق

اپنے جوشِ نمو سے ہر رُت میں　　　رونقِ گلستاں بڑھاتے ہیں
فکرِ تازہ کی شاخ شاخ پہ ہم　　　پھول تخلیق کے کھلاتے ہیں

دَورِ بے حُرمتی میں عروسِ سخن
اوڑھ کر سو گئی آنسوؤں کا کفن

وَجد فرمائیں گے پڑھ کے اربابِ فن
رنگ و بُو کا تموّج ہے میرا سخن

ہر نَفس اِک نئی آگ اُگلے گا کیا؟
انجمن میں کوئی مجھ سا آتش دہن

لمحہ لمحہ مری ہوشمندی بڑھی
کم نہیں ہو سکا پھر بھی دیوانہ پن

مُضمحِل ہو کے جانے کہاں کھو گئی
میری آواز میں زندگی کی تھکن

رنگ برسا رہے ہیں دَھنک کی طرح
میری غزلوں میں اُسکے خطوطِ بدن

میرا ماحول ہی میرا قاتل نہ ہو
خون سے تر ہے افکار کا پیرہن

زندگی ہی نہیں میرا ایمان ہے
خوب سے خوب تر حُسنِ فن کی لگن

اُس کے بخشے ہوئے غم میں تاثیر ہے
کاش چھو جائے ہر دِل کو میرا سخن

۱۷۴

خود پہ ظلم اے سخن شعار نہ کر
چُپ قضا کی سی اختیار نہ کر
میں سراپا خزاں کا موسم ہوں
یاد تو صورتِ بہار نہ کر
تیری رُسوائی کا ہے اندیشہ
ہر ستم مجھ پہ بار بار نہ کر
اشکِ شرمندگی بھی دھو نہ سکے
تو یہ دل اور داغدار نہ کر
حسرتیں سب نکال لے اِمشب
صبحِ فردا کا اِنتظار نہ کر
برگِ گُل ہی سے خون ہوں مجھ میں
اور پیوست نوکِ خار نہ کر
میں روایت کا پیڑ ہوں اے باد
منتشر میرے برگ و بار نہ کر
بحرِ نغمات کا تلاطم ہوں
میری اَمواج کا شمار نہ کر
تیرے ماضی کا شاہکار ہے رازؔ
نذرِ آتش یہ اِشتہار نہ کر

کرم کیا نہ مسلسل نہ رنج سہنے دیا
تری نظر نے اِک عالم میں دل نہ رہنے دیا
اُسی سے جل اُٹھا دامانِ دیدہ و دِل آج
ترے حضور جو آنسو کبھی نہ بہنے دیا
سُنا گیا غمِ دِل کوئی چشمِ پُرنم سے
ہمارے دیدۂ حسرت کو کچھ نہ کہنے دیا
سمو لئے مِرے آنسو بھی اپنے دامن میں
بچشمِ تر بھی نہ بختِ سیہ نے رہنے دیا
ہزار ہا سہے صدمے غمِ جہاں کے مگر
اِک اُن کے غم نے کہیں کا یہ دل نہ رہنے دیا

تین اشعار

حاصل کبھی خوشی نہ ہوئی اُن کی چاہ میں
ہم زندگی گزار چلے اشک و آہ میں
اے شمعِ زندگیِ محبت ترے بغیر
ہر شے بجھی بجھی سی ہے میری نگاہ میں
اب آپ میرے پاس سے اُٹھ کر نہ جائیے
نیند آ چلی ہے سایۂ زلفِ سیاہ میں

سفرِ زیست کا انجام اگر جانا ہے
راہِ آغاز دکھا دو کہ کدھر جانا ہے

شہر کو خاک نہ کر دے وہ بھڑک کر پل میں
تم نے جس شعلے کو ادنیٰ سا شرر جانا ہے

کیوں نہ میں باغ کی کلیاں ہی کھلاتا جاؤں
ایک جھونکا ہوں بہرحال گزر جانا ہے

چند لمحوں میں گزر سکتا ہے ہم گام تو ہو
فاصلہ تو نے جو صدیوں کا سفر جانا ہے

اِک نیا رنگ مصوّر کے قلم کی صورت
ہم کو تصویرِ غمِ زیست میں بھر جانا ہے

اپنی منزل کا تعین تو کر اے کشتیِ دل
چڑھتے دریاؤں کو تیزی سے اُتر جانا ہے

حیف اُن قدموں سے منزل کی توقع ہے تمہیں
ایک دو گام جنہیں چل کے ٹھہر جانا ہے

اُس کی خوشبو سے مہک جائے گا اِک دن گلزار
تم نے جس گل کو ابھی خارِ نظر جانا ہے

میں ہی وہ کاکُلِ گیتی کا گرفتار ہوں راز
جس کے ماتم میں اُسے کھُل کے بکھر جانا ہے

جس کو کہتے تھے فراقؔ اب وہ سخن آرا کہاں

آہ! اے شمعِ ادب اے شاعرِ جادو بیاں
چھا گیا بجھنے سے تیرے ہر طرف غم کا دھواں
آنسوؤں میں غرق ہیں گل اور ہوائے گلستاں
کیوں رہی ہے ہجر میں تیرے مسلسل ہچکیاں

کہہ رہی ہے غم کے لہجے میں مناظر کی زباں
جس کو کہتے تھے فراقؔ اب وہ سخن آرا کہاں

شبنمی قوسِ قزح تھی اس کے فن میں ضوفشاں
جس میں سَو انداز سے لیتا تھا حسن انگڑائیاں
اس کے رنگ و نکہت و جذبِ وفا کی نرمیاں
حسن سے کرتی تھیں کس کس ناز سے اٹھکھیلیاں

نغمہ ہائے سازِ فن سے اس نے باندھا وہ سماں
عالمِ خود رفتگی میں لے اڑیں گل تتلیاں

اک شگفتہ غم سے ہم آہنگ اُس کی شاعری
مثلِ فانی یا سیاتِ زیست کا ماتم نہ تھی،
مستبر کی صورت نہیں تھے شعر اس کے ماتمی
راحت افزا غم تھا اُس کا اِک شعورِ زندگی

تھا جمیل احساس اُس کا مہ رُخوں کی چاندنی
جس میں رقصاں تھی حقیقت زندگی اور خواب کی

رندی و مستی و حُسن و عشق میں ڈوبی ہوئی
عارضی لمحات کی لفظوں سے نِکھری شاعری
کر نہیں سکتی کبھی اُس کے سخن کی ہمسری
مَے نہیں امرت تھیں اس کی موجیں فکرِ شعر کی

کہنہ قدریں جذب کر کے اُس نے حُسنِ شعر کی
ذہنِ تو بخشا غزل کو رُوح کو تحریک دی

تھی نظر اس کی بصیرت کا وہ بحرِ بیکراں
جس میں طوفاں خیز تھا اِک اِک خیال مہ وشاں
اس کے سازِ دل میں تھیں نغمات کی چنگاریاں
جِن سے چمکیں نرم احساسات کی پرچھائیاں

عِشق کا وہ سوز اُس کی رُوح میں تھا الاماں
زندگی اس کی تھی جلتی چوب سے اٹھتا دھواں

۱۷۹

خون میں دل کے ڈبو کردہ قلم دن اور رات
کر گیا تحریر کیا کیا نفسیاتی تجربات
رسمساتے حسن کے فتنے جگاتا التفات
تازہ تر کرتا رہے گا دل پہ گزری واردات

تھا دراز اس کی نظر میں اتنا دامانِ حیات
سانس لیتی تھی تخیل میں مکمل کائنات

فکر میں اس کی تھی ہندی تتلیوں کی آب و تاب
ہند کی مٹی کی خوشبو ہند کا آبِ سحاب
لا کے اردو باغ میں گنگ و جمن سے جوئے آب
اس نے خنداں کر دیا ہندی تمدن کا گلاب

رات بھر رہتا تھا روشن فکر کا ایک آفتاب
عالم اس کے ذہن کا تھا رات کا بیدار خواب

چشمِ غم میں وہ نمو تھی اس کے محسوسات سے
باغ کھلتے تھے خوشی کے اشک کی برسات سے
فکر کی گہرائی ہم آہنگ تھی جذبات سے
بات کرتا تھا تصور حدِ امکانات سے

تھی حقیقی شاعری تابندہ اس کی ذات سے
کر دیا سرشار اس نے روح کو نغمات سے

"روپ" میں اُس نے نکھارے ہندی سیرت مہ جمال
کِھل اُٹھے جن کے لباس نو کل پر رنگ اور گلال
"شبنمستاں" اور گل نغمہ کی رُوحِ لازوال
قالبِ اُردو میں ہندوستانیت کا ہے کمال

بھر دیا جذبات میں اُس نے وہ رنگِ خط و خال
بات کرنے لگ گئیں دِل سے تصاویرِ خیال

سنسکرت اور فارسی کا وہ ثنا خوانِ اَدب
عالمِ انگریزی کا وہ اُردو کا ایوانِ اَدب
پھونک کر بزمِ اَدب میں اِک نئی جانِ اَدب
چل بسا وہ دانش آموزِ دبستانِ اَدب

زندگی بھر ہر نفس تھا اُس کا قربانِ اَدب
کِس طرح بھولے گی اُردو اُس کا احسانِ ادب

اِک کسی ملت کے غم سے وہ نہیں تھا اشکبار
اس کا سینہ دردِ کُل ہندوستاں سے تھا فگار
عظمتِ دیر و حرم پر وہ برابر تھا نثار
دُشمنِ ہندوستاں سے تھا جہاد اُس کا شعار

تیغ کے ہر آتش جاں وہ وطن کا جاں نثار
شمعِ حریت پہ جلتا ہی رہا پروانہ وار

کیوں عبث رونا ہے ناداں موت کا کر احترام
تن کے مٹنے سے مٹا کرتا ہے کیا ذہنی نظام
اس کی ذہنی فکر میں روشن ہے سوزِ ناتمام
تا ابد گرمائے گا دنیا کا دِل اُس کا کلام

آئے دن جمنے سے بھی ہر لمحہ گرد صبح و شام
صفحۂ ایام پر روشن رہے گا اس کا نام

رُباعیاں

خاموش نظر گیت سُنا دیتی ہے
اَنفاس کی رفتار بڑھا دیتی ہے
یہ نغمگیٔ چشم ہے کہ دیپک راگ
اِک آگ سی رگ رگ میں لگا دیتی ہے

تھا جبکہ ترے آنے کا روشن اِمکاں
بھُولے سے نہیں بھُولتا وہ شب کا سماں
جو اَب بھی دبے پاؤں گزرتا ہے کوئی
ہوتا ہے ترے پاؤں کی آہٹ کا گُماں

دردِ انسانیت

شام سے خونبار ہے اس غم میں چشمِ کائنات
کیا خبر کب ختم ہو گی ظلم کی سنگین رات

کس قدر خطرے میں ہے نوخیز کلیوں کی حیات
توڑ کر جن کو مسل دیتے ہیں شیطانوں کے ہات

کشت و خوں کے دیکھ کر صحنِ چمن میں واقعات
باغباں کی بے بسی پر خون روتی ہے حیات

اب تو ہر لمحہ گزرتے ہیں جہانِ زیست میں
خون ہو جاتا ہے دل جن سے، وہ سنگیں حادثات

گونجتی ہے ملک میں ہر سو یہ صوتِ ہولناک
واردات و واردات و واردات و واردات

عصمتیں لٹتی ہیں روز و شب بھرے بازار میں
اُف نہیں کرتی مہذب دور میں انساں کی ذات

۱۸۳

ہائے کیا اندھیر ہے اب بند کر لیتے ہیں در
دیکھ کر کھڑکی سے لوگ اپنے پڑوسی کی وفات

حلقۂ اغراض میں محصور ہے ہر آدمی
اٹھ گئی دنیا سے شاید رسم و راہِ التفات

ڈھونڈتے ہیں راہبر اپنے مقاصد ہی کا دن
ہستیٔ رہرو پہ چاہے مستقل چھا جائے رات

لُٹ گئے ہیں لوٹنے پر وہ متاعِ ملک و قوم
جیسے یہ مالِ غنیمت پھر نہیں آئے گا ہات

کر رہی ہے آہ و زاری قوم کی بیمار روح
اور علاجِ جسم کی کرتے ہیں چارہ ساز بات

ڈھک نہیں پایا برہنہ تن کو جمہوری لباس
ہر طرف ہے شاکیٔ کوتاہیٔ جامۂ حیات

وقت کے ہاتھوں سے اچھلی یوں کتابِ زندگی
کھو گئے ہر سُو فضا میں اُڑ کے اوراقِ صفات
واقعاتِ خونچکاں سے دل پھٹا جاتا ہے رازؔ
شیطنت نے کر دیئے معدوم انساں کے صفات

آج اِک عمرِ انتشار کے بعد
دِل میں پیدا ہوا ہے صبر و قرار
گُل کھِلا کر روش روش پہ نئے
مجھ خزاں بخت کو نہ چھیڑ بہار

وحشت انگیز ہے ہر اِک منظر
دَورِ نَو کی یہ طُرفہ کاری ہے
آنکھ جمتی نہیں کسی شے پر
خوف دل پر عجیب طاری ہے

روز افزوں ہے قلبِ آدم میں
ایک طوفانِ سوزِ حرص و ہوس
خاک کر دے نہ باغِ ہستی کو
یہ شرر بار آدمی کا نفس

تشنگی اور یہ کڑکتی دھوپ
خشک ہیں کوہ و چشمہ و دریا
ابرِ رحمت کی بھی اُمید نہیں
مر نہ جائے کہیں بشر پیاسا

عقل بیگانۂ رموزِ حیات
مقصدِ زندگی نہیں معلوم

راہِ ظلمت پہ گامزن ہے بشر
کر نہ دے نورِ زندگی معدوم

اک دھندلکا ہے چارسوئے دوست
ظلمتِ افروز یہ اُجالا ہے

زندگی زندگی نہ موت ہے موت
دورِ نو کس قدر نرالا ہے

سونا سونا ہے تیرا میخانہ
بات کچھ تو ضرور ہے ساقی

آج کیا جام دل ہیں رندوں کے
مے عرفاں نہیں رہی باقی

اشعار

مدتوں یوں بھی کسی کا غم رہا
تر ہوئیں آنکھیں نہ دامن نم رہا

دل کے بجھنے پر بھی یہ عالم رہا
ہلکا ہلکا سا دھواں پیہم رہا

اللہ اللہ تشنہ کامی عشق کی
قلزمِ غم قطرۂ شبنم رہا

ہو نہ پایا اشتیاقِ دید کم
محوِ آرائش کوئی پیہم رہا

فنکار کے آنسو

ہر طرف ایک اَبتری ہے میاں
ذہنِ شاعر میں سنسنی ہے میاں

رسم و آداب اور روایت کی
ہر طرف خاک اُڑ رہی ہے میاں

جس کا ہر فعل کارِ شیطاں ہے
آدمی اب وہ آدمی ہے میاں

فتنہ، سازش، فریب، بدگوئی
نئی تہذیب بن رہی ہے میاں

اُٹھ گیا محفلوں سے نظم و ضبط
فتنہ سازوں کی بن پڑی ہے میاں

ہے بباطن عداوت و کینہ
ظاہرہ سب سے دوستی ہے میاں

فرقہ ہائے سخن طرازاں میں
خوب باہم کشا کشی ہے میاں

اپنے اپنوں کو مل رہے ہیں جام
مے کچھ اس طرح بٹ رہی ہے میاں

آتنی افسردہ ہے ضمیر کی لو
قریۂ جاں میں تیرگی ہے میاں

سعیِ تخریب ہے بنامِ فروغ
پائمال دشمن نے وہ چلی ہے میاں

اُٹھ کے دیکھو تو کس زبان کی یہ
ایک میّت نکل رہی ہے میاں

شاعروں کو کلام سے پہلے
نام پر داد مل رہی ہے میاں

لبِ شاعر پہ بیشتر اوقات
صرف رُوداد عاشقی ہے میاں

شعر سُننے سے اہلِ دل بیزار
کیا یہی سحرِ شاعری ہے میاں

شعرا اپنے سُنا کے چلتے بنے
اَدبِ بزم کیا یہی ہے میاں

اپنے دل سے لگا رہے ہو کیوں
رؔاز کی بات دِل لگی ہے میاں

کاہلِ فنِّ شعر ہیں احباب
اِک مجھی میں فقط کمی ہے میاں

کیوں کسی کو بُرا کہوں مُنہ سے
اور دُو دن کی زندگی ہے میاں

تھی جو گنجینۂ فنون و اَدب
آج دلّی وہ لُٹ چکی ہے میاں

کون سُنتا ہے اَب کسی کی نوا
سب کو اپنی پڑی ہوئی ہے میاں

دامنِ وقت سے نہ ہوگی جذب
میری آنکھوں میں وہ نمی ہے میاں

قلعہ میں اب مشاعرہ پڑھنا
سچ میں توہینِ شاعری ہے میاں

بادل آواز کے برس بھی چکے
پھر بھی کانوں میں تشنگی ہے میاں

وہ تنوّع نہ وہ تموّج ہے
فکرِ شاعر تھکی ہوئی ہے میاں

قطعہ کہنے لگے رُباعی کو
کیا یہ فنِ سخنوری ہے میاں

ڈھونڈتے کیوں ہو جذبہ و احساس
اب تو لفظوں کی شاعری ہے میاں

ندرتِ فکر ہے نہ حسنِ بیاں
شعر کا شغل دل لگی ہے میاں

جس سے ملتی تھی رُوح کو پرواز
اب کہاں وہ سخنوری ہے میاں

نفسِ اہلِ فن نہ جم جائے
وقت کی برف گر رہی ہے میاں

جس کا ہر گھر تھا ایک بزمِ ادب
اب وہ دلّی اُجڑ چکی ہے میاں

دلّی والا ہوں کیا دکھاؤں منہ
ناک دلّی کی کٹ گئی ہے میاں

۱۸۹

نظر سے بچتے ہوئے جب وہ ناگہاں گزرے
اداشناسِ وفا کو عجب گماں گزرے

ہوا کے دوش پہ آوارگانِ شوق نہ پوچھ
تلاشِ نکہتِ گل میں کہاں کہاں گزرے

اُمید و بیم کی کیفیتیں ارے توبہ
کسی نگاہ پہ کیا کیا ہمیں گماں گزرے

جبیں پہ خود اُبھر آئے نقوش سجدوں کے
یہ کس مقام سے ہم آج ناگہاں گزرے

غبارِ غم نظر آیا کبھی نہ چہرے پر
اگرچہ دل سے کئی غم کے کارواں گزرے

خیال قید، زباں بند اور ہاتھ قلم
نظر سے پھر نہ وہ تصویرِ خونچکاں گزرے

حیات و موت کے نازک سے فاصلے سے بھی
بلاکشانِ محبت ہی کامراں گزرے

سمجھ سکا نہ کوئی راز آنسوؤں کی زباں
اِدھر سے ہو کے کئی غم کے ترجماں گزرے

ایک شعر

دل کے داغوں کو نہ ہونے دو الم سے روشن
پھوٹنے والی ہے خورشیدِ مسرت کی کرن

اِنتباہ

(نیوٹرون بم کے تجربے پر)

آسمان و زمیں پہ گردِ کثیف
ذرّے ذرّے میں ایک رقصِ بلا
دستِ انساں کی فتنہ کاری سے
عنصروں میں تمام زہر گھلا

اِک دھماکے کے خوف سے لرزاں
آگ پانی زمین اور ہوا
بھول بیٹھیں نہ ہائے اپنی روش
دشت و دریا و وادی و صحرا

بحر ہی بحر آگ کا ہر سُو
تہِ گرداب زیست کا بیڑا
عقلِ انساں نے بھر دیا افسوس
ایک ذرّے میں موت کا صحرا

سہما سہما نظامِ موجودات
اُترا اُترا حیات کا چہرا
خوفِ انساں سے ڈال دیں نہ کہیں
چاند تارے زمین پر ڈیرا

زندگی کی ہر ایک جنبش پر
ناگہاں خوفِ مرگ کا پہرا

ہوتا جاتا ہے تنگ تر ہر آن
زیست کے گرد موت کا گھیرا

زیست کی روشنی نگلنے کو
موت کے اژدھے کا پھن پھیلا

اِک طرف عقل ایک سمت جنوں
درمیاں اِک لطیف تر پردا

آہ یہ سعیٔ جنگِ عالمگیر
کر نہ ڈالے ہر ایک شے کو فنا

کیا خبر تم کو زندگی کیا ہے
تم نے دیکھا نہ زیست کا چہرا

وادیوں سے تمہارے سینوں کی
اَمن کا آفتاب کب چمکا

غارت و قتل کے ارادوں پر
تمکو معصومیت کا ہے دعویٰ

فصلِ اُلفت نہ کاٹ پاؤ گے
بیج بو کر دِلوں میں نفرت کا

حُسنِ تہذیب سے رہے محروم
تم نے مشرق سے کچھ نہیں سیکھا

دشمنِ اَمن و آدمیت ہو
درد تمکو کہاں ہے اِنساں کا

بھیس ہیں اَمن کے فرشتوں کے
سر میں رکھتے ہو جنگ کا سودا

ابنِ آدم کے وارثو سُن لو
قلبِ گیتی سے آرہی ہے صدا
تم جہاں کو نہ خاک کر دینا
اپنی آنکھیں نہ بند کر لینا

رُباعیات

اِس دور کی ہم پر یہ عنایت افسوس
اِنسان کی دُشمن ہے سیاست افسوس
اِک باپ کی اَولاد کٹے آپس میں
افسوس یہ نفرت بھری وحشت افسوس

اَے قادرِ مطلق ہو عطا مجھ پہ کرم
میں بانٹ سکوں اہلِ اَلم کا کچھ غم
ہر دُکھتے ہوئے دِل کو سکوں دے آواز
ہر زخم پہ رکھ دیں مرے آنسو مرہم

www.ingramcontent.com/pod-product-compliance
Lightning Source LLC
LaVergne TN
LVHW050857051026
849532LV00006BA/2292
* 9 7 8 9 3 6 9 0 8 0 9 7 7 *